AF284734

Berthold Wendt

Autoren-ABC

Von der Idee zum eigenen Buch

Ideen finden
spannend schreiben
anschaulich darstellen
Computer verwenden
Texte veröffentlichen

Berthold Wendt

Autoren-ABC

Von der Idee zum eigenen Buch

Ideen finden
spannend schreiben
anschaulich darstellen
Computer verwenden
Texte veröffentlichen

Bibliografische Information der Deutschen Nationalbibliothek:
Die Deutsche Nationalbibliothek verzeichnet diese Publikation in
der Deutschen Nationalbibliografie; detaillierte bibliografische
Daten sind im Internet über dnb.dnb.de abrufbar.

Impressum:
© 2020 Alle Urheber- und Nutzungsrechte verbleiben beim Autor.
Abdruck, Vervielfältigung und Verwendung aller Bestandteile
nur mit ausdrücklicher Genehmigung von Berthold Wendt.
Reproduktionen, Einband, Satz, Grafiken und Gestaltung: Berthold Wendt
Geschrieben, gestaltet und gesetzt mit Papyrus Autor von R.O.M. Logicware GmbH.
Herstellung und Verlag: BoD – Books on Demand, Norderstedt
ISBN: 9 783751 958479 Preis: 5,20 €

Inhalt

Für meine Enkelin Mira
in Wuppertal.

Zur Einstimmung

»… Das müsste ich mal aufschreiben!« Dieser Gedanke ist schon vielen Zeitgenossen bei mancherlei Erlebnissen und Ideen gekommen. Nur wenige schaffen es, ihr Vorhaben bis zum Ende umzusetzen. Dabei ist es gar nicht so schwer, wenn Sie einige Grundsätze beachten und die geeigneten Werkzeuge einsetzen.

Viele Bücher wurden schon über das Schreiben geschrieben. Mit diesem Autoren-ABC wende ich mich an alle unbeleckten Einsteiger und möchte einen praktikablen Weg aufzeigen und Ihnen das nahebringen, was Sie wirklich *für den Anfang* brauchen: Sie erfahren einiges über das Schreiben und Gestalten von Geschichten und die Computertechnik dazu.

Die Technik des Schreibens und des Gestaltens ist hier nicht umfassend dargestellt, aber ich möchte Ihnen Mut machen, mit dem Schreiben zu beginnen. Um überhaupt ins Geschichtenschreiben einzusteigen, brauchen Sie sich *nicht* erst eine große Kiste mit Büchern besorgen. Dies kleine Büchlein reicht für den Anfang! Für aufkommende Fragen können Sie sich später die nötige Literatur besorgen. Dann wissen Sie auch schon besser, was Sie brauchen.

Im Gegensatz zu vielen anderen Veröffentlichungen zu diesem Thema gibt es im Autoren-ABC auch ein Kapitel über die Texterfassung und dessen Bearbeitung mit Computern. Im letzten Abschnitt spendiere ich Ihnen noch Hinweise für die Veröffentlichung im Selbstverlag.

Da dies ein Anfängerbüchlein ist, habe ich, so weit es geht, auf Fachbegriffe verzichtet oder jedes Mal erläutert. So lernen Sie wie Kinder ganz nebenbei die wichtigsten Begriffe.

Das allerwichtigste ist, dass Sie sich, bei dem, wie und was Sie schreiben, wohlfühlen. Jeder Mensch hat seine Vorlieben, was Werkzeug, Arbeitsplatz und Ideen angeht. Manch einer braucht seinen Lieblingssessel, eine gute Tasse Kaffee, ein Stück Bitterschokolade und dazu nur Schreibblock und Stift. Ein anderer setzt sich lieber vor seinen Rechner in einer Umgebung, die ihn nicht ablenkt, ein Weiterer möchte auf das Geklapper einer mechanischen Schreibmaschine nicht verzichten, um zu merken, dass seine Arbeit ein gewisses Maß an Wichtigkeit hat.

Auf jeden Fall sollte das gewählte Werkzeug nicht noch zusätzliche Probleme bereiten. Das allernötigste muss in Reichweite sein. So zum Beispiel der Radiergummi, der Bleistiftanspitzer und ein Farbstift oder auch Tinte und Füllfederhalter, wenn Sie gern mit der Hand schreiben. Alle großen Dichter wie Goethe und Shakespeare haben auf diese Art großartige Werke geschaffen.

Für alle diejenigen unter uns, die Probleme haben, ihre eigene Schrift zu entziffern, wurde zuerst die Schreibmaschine erfunden und dann spezielle Schreibprogramme auf Computern laufen gelassen. Auf der Schreibmaschine lassen sich Korrekturen jedoch nicht komfortabel durchführen und schon gar nicht während des Schreibens. Um einen Text überarbeiten zu können, sollten Sie die Schreibmaschine auf 2-zeilig einstellen, damit Sie zwischen den Zeilen genug Platz für handschriftliche Bemerkungen haben.

Am besten geeignet für eine auch mehrfache *Überarbeitung* ist allerdings der Computer. Hier ist es möglich, dass Sie Ihren Text mit relativ wenig Aufwand auf beste Wirksamkeit und Fehlerfreiheit trimmen. Nehmen Sie sich daher zunächst etwas Zeit für ihn, um zu erfahren, wie Ihr Schreibprogramm funktioniert. Wie Sie beispielsweise Wörter und sogar Sätze und Szenen verschieben oder ersetzen und wie das Laden und Speichern Ihrer Geschichte funktionieren, dann wird Ihr Vorhaben nicht an so etwas Simplen scheitern.

Mit allen weiteren technischen Hilfen beschäftigen Sie sich erst, wenn ein Erfordernis dazu besteht, oder wenn Sie das gerade interessiert. Mit einer Ausnahme: Probieren Sie auf jeden Fall bald die in diesem Büchlein beschriebene Einrichtung von Überschriften und das automatische Inhaltsverzeichnis aus. Sie werden wegen der Arbeitserleichterung begeistert sein!

Machen Sie sich um Schreib- und Grammatikfehler zunächst keine Gedanken. Erst einmal kommt es darauf an, dass Sie Ihre Idee schnell zu Papier bringen, beziehungsweise auf den Bildschirm.

Unser Gehirn produziert Ideen nie mehrmals und schon gar nicht genau gleich. Wenn Sie einen Gedanken aufschreiben und den Zettel verlieren, ist der Grundgedanke vielleicht noch da, aber beim nächsten Mal formulieren wir anders, womöglich ganz anders! »War die erste Formulierung nicht doch viel treffender?«, könnte sich die Frage auftun. »Nur, wie habe ich das vorhin/ damals formuliert? Ich komme nicht mehr drauf!«

Wann uns diese besten Formulierungen und Gedanken kommen, kann niemand vorhersagen; meistens aber zu den unpassendsten Momenten. Eine Vielzahl dieser Gedanken erreichen Sie nur einmal! Wollen Sie die verpassen? Haben Sie deshalb *immer* etwas zu schreiben bei sich, oder wenn Sie ein »Sprechtyp« sind, eine akustische Aufnahmemöglichkeit, beispielsweise das Smartphone mit den nötigen Apps für beide Möglichkeiten oder eben ein Diktiergerät …

Selbstgeschriebene Geschichten

Da Sie sich dieses Büchlein angeschafft haben, gehe ich davon aus, dass Sie gerne lesen und sich selbst am Schreiben einer Geschichte versuchen wollen. Die erste Idee werden Sie vermutlich schon im Kopf haben. Sie wissen nur noch nicht genau, wie Sie diese umsetzen können, sodass sie anschließend auch gern gelesen wird. Nur ein wenig Grundwissen ist notwendig, damit Sie Erfolg bei Ihrem Projekt haben.

Zunächst einmal sollten Sie sich den Handlungsablauf kurz skizzieren. Um Ihre Idee bestmöglich in lesbaren Text zu verwandeln, zeige ich Ihnen hier mehrere Ansatzpunkte. Es kann sein, dass Sie mit einigen Arbeitsweisen nicht zurechtkommen. Das liegt nicht an der Methode selbst. Dann passen Sie und die Methode eben nicht zusammen, was völlig in Ordnung ist. Ist es nicht die eine Methode, ist es vielleicht eine andere. Schließlich sind wir alle Menschen, die ihre ganz speziellen Denkweisen haben.

Geschichten schreiben ist eine Kunstgattung. Es gibt keine unverrückbar festgelegten Regeln über das Was und Wie, auch wenn es in diesem Büchlein manchmal durch die Kategorien danach aussieht. Alles, was »funktioniert« ist auch erlaubt. Ohne Freiheit von Inhalt und Mitteln würde jegliche Kunst verkümmern, würde nie etwas wirklich Neues entstehen können. Denken Sie ruhig »quer« und berücksichtigen Sie immer: Nur Sie allein können Ihre Geschichte so schreiben, sonst niemand auf der Welt! Ihre Geschichte ist also einmalig und einzigartig! Es gibt nur einen Menschen auf der Welt, der Ihre Geschichte so schreiben kann wie Sie! – Sie allein!

Wo kommen die Ideen her?

Auch wenn Sie bereits ein Thema im Visier haben, wird wahrscheinlich der Tag kommen, an dem Sie nach einer neuen Idee suchen. Die einfachste und nächstliegende Quelle sind Meldungen der Presse. Kennen Sie noch die Geschichte mit dem Tretboot in Form eines Schwans, die vor einigen Jahren durch die Presse ging? »Schwan verliebt sich in Tretboot«, war damals die Schlagzeile.

Es lohnt sich meist auch, die eigenen Erlebnisse und Erinnerungen zu durchforsten. Wer noch Fotoalben im Schrank liegen hat, kann sich diese einmal vornehmen. Längst vergessene Ereignisse werden da plötzlich wieder wach. Ein ebensogutes Medium sind die Bildordner auf dem

Computer oder Ihrem Smartphone, beziehungsweise die früher einmal gebrannten Foto-CDs.

Manchmal benötigen Sie nur ein wenig Abwechslung. Je nach dem, wo Sie wohnen, wechseln Sie doch einmal die Umgebung. Wer auf dem Land wohnt, sollte sich mit offenen Sinnen für ein paar Stunden oder Tage in die Hektik einer Großstadt begeben und umgekehrt. Viele neue Eindrücke sind der Lohn bei einem Ortswechsel. Vergessen Sie aber nicht, immer ein Notizbuch und Stift bei sich zu tragen, um die neuen Eindrücke zu notieren. Ein Foto mit dem Handy, um die konkrete Situation festzuhalten, kann wertvoll sein. Oder setzen Sie sich in einem Einkaufszentrum wie den *Ostseepark* oder das *Sieben-Seen-Center* auf eine Bank und beobachten Sie die Leute. Aber bitte starren Sie sie nicht an!

Dagegen kann auch helfen, dort einmal die Augen zu schließen und einfach nur zuzuhören. Wie sprechen die Passanten? Über was reden sie? Welche Geräusche sind an diesem Ort typisch? Wie riecht es? Alles das sollten Sie in sich aufnehmen und *notieren*.

Abwechslung kann auch sein, einmal im Wald oder am Strand aufmerksam spazieren zu gehen. Oder besuchen Sie doch mal wieder ein Museum. Was für Menschen besuchen es? Kinder? Erwachsene? Ausländer? Hören und riechen Sie auch hier. Erfassen Sie die Lichtstimmung in den Räumen. Ist ein Exponat bei den Besuchern besonders beliebt? Lassen Sie bei solchen Gelegenheiten Ihren Gedanken freien Lauf und folgen Sie der Fantasie. *Notieren* Sie Ihre Gedanken dazu. Das kann gar nicht oft genug gesagt werden. Gedanken sind nämlich sehr flüchtig, wie hier schon mehrfach erwähnt wurde. Das können die Erkenntnisse selbst sein oder auch bestimmte Formulierungen. Oft kommen sie zu Zeiten und an Orten, bei denen Sie mit anderen Dingen beschäftigt sind. Sie kreuzen meist *nicht* ein zweites Mal auf. Auch wenn Sie der Überzeugung sind, dass Sie dieses oder jenes gar nicht vergessen können.

Ein guter Ansatzpunkt ist, wenn Sie schon eine vage Idee haben, wie Ihr Lieblingsschriftsteller die Geschichte schreiben würde. Wo würde er die Geschichte spielen lassen und in welcher Zeit? Hat er schon so etwas Ähnliches geschrieben? Wie sähen die Figuren aus, die er erschaffen würde? Was wäre, wenn er selbst eine Hauptfigur, ein Protagonist dieser Geschichte wäre?

Sie könnten über Ihren Lieblingsschriftsteller recherchieren. Welche Themen hat er bearbeitet? Was hat er gelernt, was war/ist sein Beruf? Welche Hobbys hatte er? Oder lesen Sie ein Buch von ihm. Machen Sie sich Gedanken darüber, wie sich die Geschichte verändern würde, wenn die Hauptfigur einen anderen Beruf gehabt, oder sich in einer Angelegenheit anders entschieden hätte.

In meiner Schulzeit faszinierte mich das Buch *Asteroidenjäger* von Carlos Rasch. Weil mir das Ende nicht gefiel, schrieb ich es weiter. Dass der damalige Text nicht mehr auffindbar ist, ist wohl eher mein Glück.

Ein Trick, um ein Thema für eine neue Geschichte zu finden ist es, ein beliebiges Buch aufzuschlagen und einen Satz oder eine Szene zu nehmen und nach eigenem Ermessen weiterzuschreiben. Natürlich dürfen Sie in so einem Falle das Buch nicht so gut oder besser gar nicht kennen.

Haben Sie ein Lieblingsbuch oder eine Lieblingsgeschichte? Überlegen Sie, was passieren würde, wenn in ihr ein Geheimnis früher oder später herauskommen würde. Wie würde oder müsste sich die Geschichte verändern, wenn sie in einer anderen Zeit spielte? Was hätte passieren können, wenn die Hauptfigur 20 Jahre jünger oder älter wäre? Was wäre, wenn sich der Gegenspieler (Antagonist) in die Hauptfigur verliebte oder ein anderes Geschlecht hätte?

Stellen Sie sich beispielsweise vor, dass in dem Märchen *Hänsel und Gretel* die Hexe ein computergesteuertes Hexenhaus mit Smarthome-Funktion gehabt hätte, mit allem, was dazugehört. Was könnte passieren, wenn es den beiden pfiffigen Kindern gelingen würde, den Hexenrechner umzuprogrammieren? Könnten Sie eine zusätzliche Moral herüberbringen?

Alte Geschichten

Die Geschichten aus der älteren Vergangenheit der Welt wurden schon abertausendfach erzählt. Entweder sie funktionieren gerade deshalb oder die Handlung ist tief im Volksglauben eingebunden. Denken sie an Märchen wie *Hans im Glück* oder *Rotkäppchen* an *Zwergnase* und *Die kleine Meerjungfrau*. Auch antike römische oder griechische Geschichten sind über Jahrtausende nicht vergessen worden. Denken Sie an die Zeussagen oder an die über Prometheus oder auch Odin. Die Bibel kennt viele Begebenheiten und andere religiöse Bücher auch.

Sie können sich eine der vielen Geschichten vornehmen und das Gerüst dieser Geschichten rausfiltern und mit neuen Inhalten und Figuren wieder auffüllen. Das hört sich komplizierter an, als es in Wirklichkeit ist. Allein mit den Grimmschen Märchen hätten Sie ca. 200 eigene Storys!

Sicher kennen Sie das Märchen von *Hans im Glück*, um es für den Anfang nicht zu schwer zumachen. Das Gerüst dieses Märchens ist etwa Folgendes:

- *Einfältiger Hans erhält für seine Arbeit einen Goldklumpen als Lohn*
- *Goldklumpen ist ihm zu schwer*
- **Tausch** *gegen ein Pferd*
- **Tausch** *gegen eine Kuh*
- **Tausch** *gegen ein Schwein*
- **Tausch** *gegen eine Gans*
- **Tausch** *gegen einen Mühlenstein*
- *heißer Sommertag*
- *Durst*
- *Brunnen, Hans will trinken*
- **Pech**: *Mühlenstein fällt durch seine Unachtsamkeit in den Brunnen*
- *Hans ist frei, hat aber auch von seinem Lohn nichts mehr*

Nun wenden Sie das gefundene Gerüst auf eine neue Geschichte mit anderen Namen an:

Kevins Abfindung
- *Kevin wird von Firma entlassen*
- *Abfindung, wegen langer Betriebszugehörigkeit*
- *Bank will Nutzen aus seinem Geldsegen ziehen*
- *Zinsen werden immer geringer*
- **Tausch**: *Kevin löst Konto auf*
- **Tausch**: *Kevin legt Geld riskant an*
- **Tausch**: *keine Rendite, Kevin lässt sich auszahlen*
- **Tausch**: *Kevin fällt auf Haustürgeschäft rein*
- *???*
- *Als Wohnung nur noch alter Bauwagen*
- **Pech**: *Blitz schlägt in Bauwagen ein*
- *alles verbrennt und er hat nichts mehr von seiner Abfindung*

So ähnlich lässt sich das mit allen alten Geschichten anstellen. Das Beispiel zeigt auch, dass Sie sich nicht blind ergeben an die Ursprungsgeschichte halten müssen. Sie können durchaus eigene Vorstellungen einarbeiten, aber der sogenannte rote Faden ist schon vorhanden, an dem Sie sich mit Ihren Ideen entlanghangeln können.

Psychologische Syndrome

Haben Sie sich auch schon einmal an den Kopf gefasst, als sie durch Bekannte hörten oder es selbst erlebt haben, weswegen manche Menschen in eine psychiatrische Klinik eingeliefert wurden? Da verteidigte ein Gekidnappter seinen Geiselnehmer, ein anderer fühlt sich nur vollständig, wenn ihm ein Bein amputiert wird und wieder andere glauben, dass alle Menschen um ihn herum nur Kopien der wirklichen Menschen seien, die man irgendwohin hat verschwinden lassen. Stockholm-Syndrom, Apotemnophilie und Capgras-Syndrom sind dafür die Namen. Manche haben das Münchhausen-Syndrom, und erfinden Beschwerden. Sie schrecken dabei auch nicht vor riskanten Operationen zurück. Patienten mit Couvades-Symdrom reagieren ebenfalls mit typischen körperlichen Veränderungen, wenn die Partnerin schwanger ist.

Mit ein bisschen Recherche können Sie aus den Informationen über solche Syndrome niedliche, mitreißende aber auch mystische Geschichten entstehen lassen. Überlegen Sie sich, wie es dazu gekommen sein könnte.

Vielleicht gibt es ja einen Planeten, wo eines dieser Syndrome die Normalität darstellt. Wie empfinden solche Bewohner den meist klaren Kopf von unsereinen?

Die Handlung planen

Wie gelangen Sie nun von Ihrer Idee zur neuen Geschichte? Wie überall passiert das in vielen kleinen Schritten. Zuallererst ist es notwendig, Gedanken zu sammeln, sich auch eine Liste anzulegen, **wer**, **was**, **wann**, **wie** und **warum** in Ihrer Geschichte passieren soll. Je nach persönlichem Arbeitsstil brauchen Sie da aber nicht zu übertreiben und allzu weit vorher zu planen. Vieles wird sich während des Schreibens sowieso noch verändern, weil sich Ihnen durch das Aufschreiben plötzlich andere Sichtweisen auftun, Gedanken bei der Arbeit kommen, die sich erst aufgrund Ihrer konkreten Vorstellung entwickeln mussten.

Die Ideensammlung (Brainstorming)

Im einfachsten Falle schreiben Sie sich Ihre Geschichte in groben Schritten von oben nach unten als Ideensammlung (Brainstorming) auf. Jeder Schritt in eine neue Zeile. Tragen Sie *alle* Eingebungen ein. Bewerten Sie Ihre Einfälle nicht! Bald werden Sie merken, dass Sie sich Ihre Handlung plastisch vorstellen. Es passiert unweigerlich, dass Sie zwischen den aufgeschriebenen Punkten weitere einfügen möchten. Sie können sich dazu auch eine Tabelle anlegen mit vielleicht drei oder vier Spalten. Die Ergänzungen notieren Sie dann in die Spalten. So sortieren Sie schon Wesentliches vor.

Es ist aber ebenso in Ordnung, wenn Sie diese ersten Schritte, so wie ich, nur in Ihren Gedanken ausführen. Bei mir entsteht so ein grober Handlungsablauf allein im Gedächtnis. Eine ruhige Umgebung, in der mich nichts ablenkt, sind

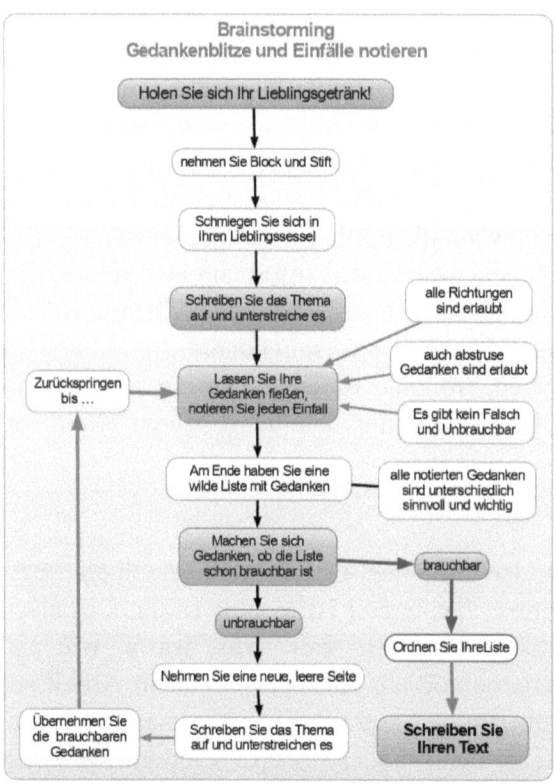

die besten Voraussetzungen für mich. Mehrmals gehe ich den Ablauf der Handlung dann im Kopf durch und prüfe die einzelnen Schritte, ob sie logisch aufeinanderfolgen. Bin ich zufrieden, werden sie notiert. Das heißt nicht, dass der Handlungsablauf fertig ist.

Sie haben nun unter Umständen eine lange Liste mit Einfällen erstellt, die Sie sortieren sollten. Nehmen Sie sich dazu farbige Stifte, um das zusammengehörige zu kennzeichnen. Was gehört an den Anfang der Geschichte, was ans Ende und was muss in welcher Reihenfolge dazwischen passieren. Alles, was schon einsortiert ist, streichen Sie weg.

Sie haben fleißig gearbeitet und sich eine kleine Pause verdient. Holen Sie sich beispielsweise Ihr Lieblingsgetränk und lassen Sie ihrer Betrachtungsweise einige Zeit freien Raum, vielleicht auch etwas länger. Machen Sie womöglich einen Spaziergang. Nehmen Sie sich dazu etwas zu schreiben mit. Auf jeden Fall bewegen Sie sich ein wenig. Wenn Sie bei der Sache waren, werden Ihnen weitere Ideen zu Ihrer Geschichte kommen. Sie werden danach wissen, was am Ablauf der Handlung noch nicht ganz richtig ist.

Sie brennen darauf, weiterzumachen? Notieren Sie die Gedanken, die Sie in der Pause gehabt haben. Dabei werden Ihnen weitere Ideen kommen, die sie gleich einsortieren können oder ans Ende anfügen. Aus einem vagen Gedanken ist in Ihrem Kopf eine detaillierte Handlung geworden.

Eine Traube voller Gedanken (Cluster)

Unser Gehirn hat weder Zeilen noch Spalten. Seine Gedanken zeilenweise aufzuschreiben entspricht also nicht der Arbeitsweise der *kleinen grauen Zellen*, wie es Hercule Poirot zu sagen pflegte. Zudem haben wir zwei Gehirnhälften, die auch noch unterschiedliche Aufgaben zu erfüllen haben. Während die rechte Hälfte in Bildern denkt und das Gefühl sprechen lässt, klopft die linke alles auf Logik ab und trifft rationale Entscheidungen. Das hat die Neurowissenschaft herausgefunden. Das ist auch der Grund dafür, dass wir Menschen hin und wieder der Logik zuwiderhandeln und damit oft richtig liegen. All solche Entschlüsse wirken menschlich nachvollziehbar.

Wenn wir die rechte Gehirnhälfte besser nutzen wollen, uns ihrer Vorteile bedienen, ist eine andere Notation unserer Gedanken vorteilhafter, als das zeilenweise Aufschreiben.

Nehmen Sie sich für das neue Cluster (Traube) ein großes Stück Papier, mindestens aber DIN A4, im Querformat. In die

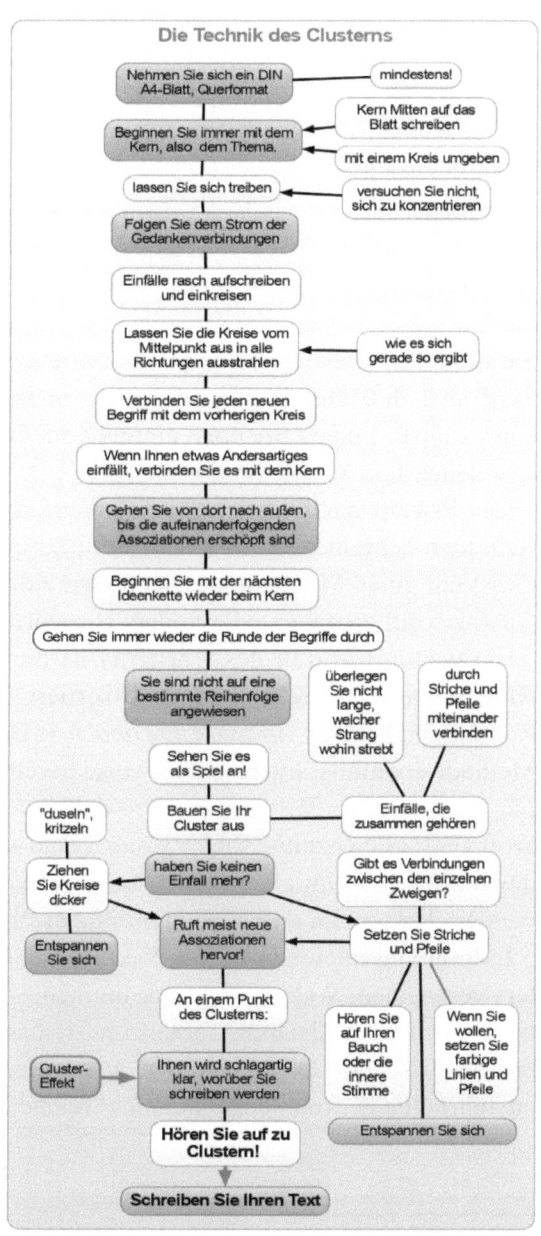

17

Mitte des Bogens schreiben Sie das Thema und kreisen es dick ein. Wenn Sie wollen, können Sie das Eingekreiste farbig unterlegen. Nun überlassen Sie wieder Ihren Gedanken ohne Beschränkungen den Raum und notieren jeden einzelnen, den Sie wiederum umkreisen.

Den ersten Eintrag verbinden Sie mit einem Strich mit dem Thema in der Mitte. Lassen Sie Ihre Vorstellungen weiter schweifen. Wenn der folgende Gedanke mit dem vorangegangen etwas zu tun hat, schreiben Sie ihn in die Nähe und verbinden ihn mit dem letzten Begriff. Sie erhalten eine Gedankenkette, wenn Sie das fortsetzen.

Sollte der nächste Gedanke nicht zu dieser Gedankenkette passen, legen Sie eine neue, ausgehend vom Thema oder als Zweig einer der vorherigen Gedankenketten an. Bald werden Sie merken, in welche Richtung Ihre rechte Gehirnhälfte Sie lenkt, wie sich die Struktur ihrer Geschichte entwickelt. Wenn Sie diese Aktionen fortsetzen, haben Sie an einem bestimmten Punkt das Gefühl, jetzt ihre Geschichte schreiben zu können. Kommt ebendieses Gefühl einmal nicht, fangen Sie noch einmal von vorn an. (Das wird auch ohne Übung sehr selten sein.)

Das Prinzip des Clusterns funktioniert sogar, wenn Sie einen Brief an die Behörden schreiben wollen oder Schüler einen Vortrag auszuarbeiten haben. Es ist ein gutes Mittel, seine Gedanken zu ordnen[*] und Texten aller Art mehr Aussagekraft zu geben oder anders ausgedrückt, nicht zu schwafeln.

Ein weiterer Vorteil des Clusterns ist die Zeitersparnis, weil nicht mehrere Auflistungen abgeschrieben und sortiert werden brauchen. Der bekannte Romanschriftsteller *Andreas Eschbach* (»Das Jesus-Video«) verwendet diese Methode ebenfalls. Interessanterweise beschreibt er sie in eben diesem Roman. Für umfangreiche Werke entstehen dabei Netze, die oft mehrere Quadratmeter groß sind. Gleichzeitig sind Cluster keine starren Pläne und lassen Ihnen genügend Raum beim eigentlichen Schreiben. Sie können immer wieder ergänzt werden. Lassen Sie darum immer einigen Platz um die einzelnen Einträge.

In Ihrer Geschichte brauchen Sie nicht jede notierte Gedankenkette des Clusters verwenden. Welche das sind, merken Sie oft erst während des Schreibens. Ist etwas nicht vollständig, ergänzen Sie das vorhandene Cluster oder arbeiten Sie die frischen Gedankenketten auch wieder in einem ergänzenden Cluster ausführlich aus, wenn der Platz nicht reichen sollte.

---

[*] Siehe Gabriele L. Rico: »Garantiert schreiben lernen«

Die Schneeflocken-Methode

Haben Sie sich schon mal eine Schneeflocke genauer betrachtet? Keine, so sagt man, gleiche einer anderen. Sie entstehen dadurch, dass sich Wassermoleküle bei Frost an einen sogenannten Keim (beispielsweise ein Staubkorn) anlagern. Welche Stelle an der immer sechseckigen Form das sein wird, hängt vom Zufall ab. Das Phänomen hier näher zu untersuchen, ist nicht der Ort, sondern es kommt mir hier auf die Analogie an, wie Ihre Handlung entstehen kann. Durch Hinzufügen von immer mehr Details erwächst die eigentliche Form, genau, wie bei einer Schneeflocke. Der amerikanische Autor *Randy Ingermansson* hat sie für das Schreiben von Romanen entwickelt.

Es ist eine Methode, in der eine Stufe auf die andere aufbaut. Vom ersten formulierten Gedanken bis zum ersten Entwurf Ihrer Geschichte hat Sie zehn Stadien. Sie ist aber in kürzerer Form auch für Erzählungen und längere Geschichten geeignet. Sachverhalte müssen mehrfach aufgeschrieben werden, wenn auch erweitert, was für ungeduldige Autoren weniger geeignet erscheint. Durch das wiederholende Schreiben prägt sich aber auch die Handlung besser in Ihr Gedächtnis ein. Sie investieren Ihre Zeit in das Design Ihres Romans oder Ihrer Erzählung, die Sie später beim eigentlichen Niederschreiben mehr als einsparen. Das passiert einmal dadurch, dass Ihr erster Entwurf eine augenfällig höhere Qualität und innere Logik hat, als ohne, und zum anderen, dass Sie genau wissen, welche Szenen auf welchen anderen aufbauen.

Sie werden nach dieser Methode deutlich weniger Szenen für den Papierkorb schreiben. Da Sie beim Schreiben praktisch schon Ihren Roman im Kopf haben, wird Ihnen die Arbeit flott von der Hand gehen. So sparen Sie im Endeffekt beim eigentlichen Schreiben mindestens die Zeit ein, die Sie vorher in die Vorbereitung gesteckt haben.

Bis ich das Clustern kennenlernte, war dies die Methode meiner Wahl. Etliche Geschichten und mein Roman »*Schmarotzer*« sind mit der Schneeflockenmethode entstanden.

Sie können diese Arbeitsweise auch mit dem Clustern oder der Ideensammlung verbinden. Überhaupt ist die Schneeflocken-Methode eine ganzheitliche, die viele hier im Büchlein einzeln vorgestellten Elemente der Geschichtenentwicklung nachfolgend in zehn Schritten zusammenfasst.

Tipp: Das Autorenprogramm **yWriter** auf Seite 79 ist mit der Schneeflocken-Methode gut kombinierbar, führt Sie gleichsam auf diesen Pfaden.

Schneeflockenmethode

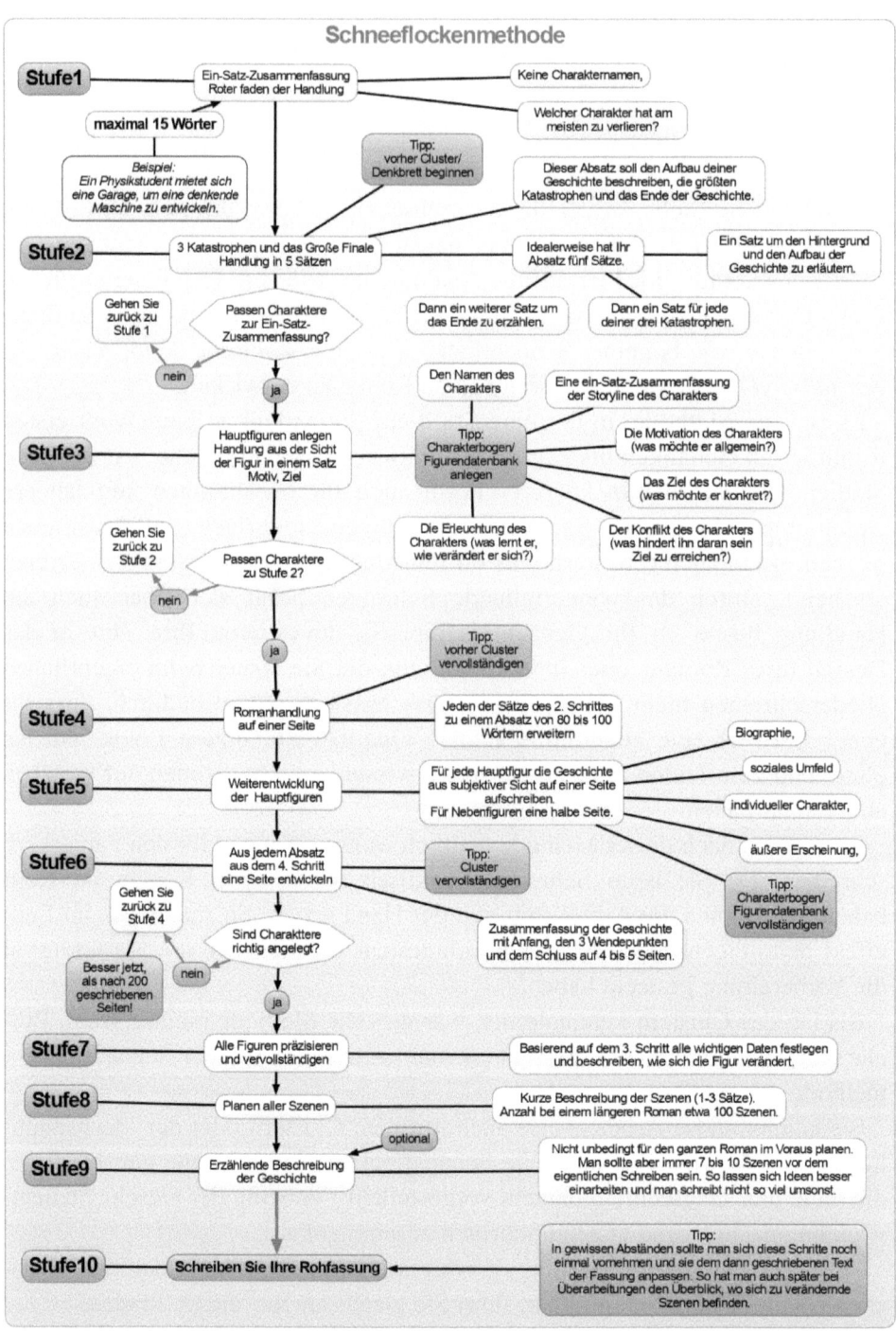

Stufe1 — Ein-Satz-Zusammenfassung Roter faden der Handlung — Keine Charakternamen,

Welcher Charakter hat am meisten zu verlieren?

maximal 15 Wörter

Dieser Absatz soll den Aufbau deiner Geschichte beschreiben, die größten Katastrophen und das Ende der Geschichte.

Beispiel:
Ein Physikstudent mietet sich eine Garage, um eine denkende Maschine zu entwickeln.

Tipp:
vorher Cluster/ Denkbrett beginnen

Stufe2 — 3 Katastrophen und das Große Finale Handlung in 5 Sätzen — Idealerweise hat Ihr Absatz fünf Sätze.

Ein Satz um den Hintergrund und den Aufbau der Geschichte zu erläutern.

Gehen Sie zurück zu Stufe 1

Passen Charaktere zur Ein-Satz-Zusammenfassung?

Dann ein weiterer Satz um das Ende zu erzählen.

Dann ein Satz für jede deiner drei Katastrophen.

nein

ja

Den Namen des Charakters

Eine ein-Satz-Zusammenfassung der Storyline des Charakters

Stufe3 — Hauptfiguren anlegen Handlung aus der Sicht der Figur in einem Satz Motiv, Ziel

Tipp:
Charakterbogen/ Figurendatenbank anlegen

Die Motivation des Charakters (was möchte er allgemein?)

Das Ziel des Charakters (was möchte er konkret?)

Gehen Sie zurück zu Stufe 2

Passen Charaktere zu Stufe 2?

Die Erleuchtung des Charakters (was lernt er, wie verändert er sich?)

Der Konflikt des Charakters (was hindert ihn daran sein Ziel zu erreichen?)

nein

ja

Tipp:
vorher Cluster vervollständigen

Stufe4 — Romanhandlung auf einer Seite

Jeden der Sätze des 2. Schrittes zu einem Absatz von 80 bis 100 Wörtern erweitern

Biographie,

Stufe5 — Weiterentwicklung der Hauptfiguren

Für jede Hauptfigur die Geschichte aus subjektiver Sicht auf einer Seite aufschreiben. Für Nebenfiguren eine halbe Seite.

soziales Umfeld

individueller Charakter,

Stufe6 — Aus jedem Absatz aus dem 4. Schritt eine Seite entwickeln

Tipp:
Cluster vervollständigen

äußere Erscheinung,

Tipp:
Charakterbogen/ Figurendatenbank vervollständigen

Gehen Sie zurück zu Stufe 4

Sind Charaktere richtig angelegt?

Zusammenfassung der Geschichte mit Anfang, den 3 Wendepunkten und dem Schluss auf 4 bis 5 Seiten.

Besser jetzt, als nach 200 geschriebenen Seiten!

nein

ja

Stufe7 — Alle Figuren präzisieren und vervollständigen — Basierend auf dem 3. Schritt alle wichtigen Daten festlegen und beschreiben, wie sich die Figur verändert.

Stufe8 — Planen aller Szenen — Kurze Beschreibung der Szenen (1-3 Sätze). Anzahl bei einem längeren Roman etwa 100 Szenen.

optional

Stufe9 — Erzählende Beschreibung der Geschichte — Nicht unbedingt für den ganzen Roman im Voraus planen. Man sollte aber immer 7 bis 10 Szenen vor dem eigentlichen Schreiben sein. So lassen sich Ideen besser einarbeiten und man schreibt nicht so viel umsonst.

Stufe10 — **Schreiben Sie Ihre Rohfassung** — Tipp:
In gewissen Abständen sollte man sich diese Schritte noch einmal vornehmen und sie dem geschriebenen Text der Fassung anpassen. So hat man auch später bei Überarbeitungen den Überblick, wo sich zu verändernde Szenen befinden.

Diese Art, eine Geschichte oder einen Roman vorzubereiten, ist aufwendig, aber sie ergibt einen hervorragenden ersten Entwurf, der mit anderen Techniken kaum zu erreichen ist. Außerdem erzeugen Sie damit Texte, die Sie beim Verkauf und der Präsentation ihres Werkes an einen Verlag unterstützen, beispielsweise die oft geforderte Zusammenfassung (Exposé), die in Schritt vier oder sechs entsteht. Zur Funktion der einzelnen Stufen betrachten Sie die Grafik dazu.

Ereigniskarten

Eine alte, fast vergessene Methode sind die *Ereigniskarten*, von manchen auch Szenenkarten genannt. Sie haben schon in »*vorelektrischer*« Zeit funktioniert. Die Technik ist einfach: Schreiben Sie auf kleine Kärtchen etwa in der Größe von Visitenkarten oder kleine Karteikarten, die es bis hinab zu einer Größe von 74 x 52 mm (DIN A8) gibt, je einen Szenennamen oder die Beschreibung einer Szene/eines Ereignisses mitsamt der handelnden Figuren und den Handlungsorten. Diese Kärtchen ordnen Sie entsprechend dem gewünschten Verlauf der Geschichte an. Das ist alles. Durch zusätzliche Kärtchen und Umgruppieren können Sie den

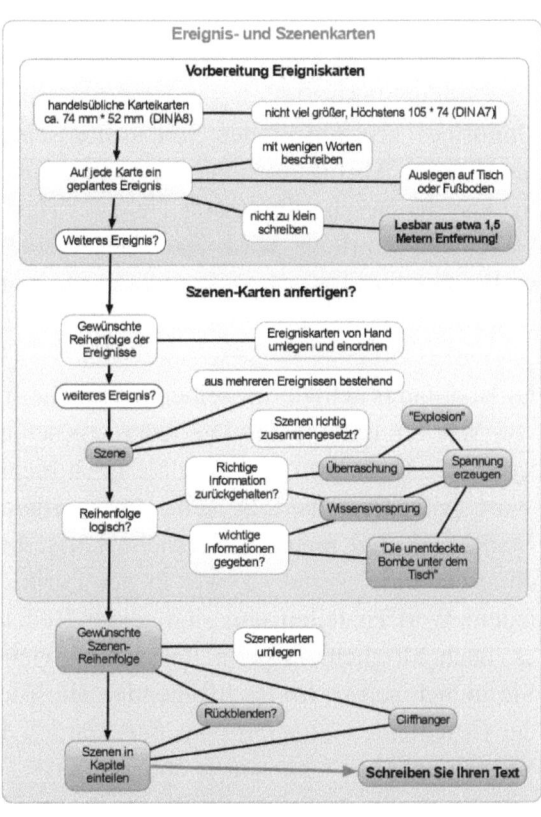

Verlauf der Geschichte ändern. Ändert sich eine Komponente, wird eine neue Karte angelegt und die alte ersetzt. Das Ganze ist für so eine einfache Methode sehr variabel, aber eben auch etwas fummelig, wenn die Karten ausgelegt werden. Eine große Tafel, die ähnlich einem Briefmarkenalbum Taschen aufweist, könnte da Abhilfe schaffen. Oder Sie lassen die Kärtchen im Karteikasten und blättern immer um. Dann geht jedoch die Übersicht verloren. Sind Sie zufrieden, schreiben Sie Ihre Geschichte.

Sie können auch die Ideensammlung (Brainstorming) auf Seite 15 mithilfe solcher Karten variabler gestalten. Das macht das Sortieren einfacher.

Die Form der Geschichte

Roman oder Kürzestgeschichte sind zwei extreme Formen, wie Sie Ihre Geschichte ausführen können. So, wie Sie sich über Ihren Handlungsverlauf Gedanken gemacht haben, werden Sie entsprechendes Material für die eine oder andere Art der Geschichten haben. Während Kürzestgeschichten auf eine möglichst geringe Anzahl von Wörtern zurechtgestutzt und verdichtet werden, erfassen Romane viele Einzelheiten, wird in ihnen genau beschrieben, wieso die Geschichte speziell diesen Lauf genommen hat. Dabei wird dennoch nichts Unnötiges erwähnt. Jeder Teil sollte seine Bedeutung haben. Dazwischen liegen viele Abstufungen bei der Ausprägung der wörtlichen Rede, der Gründlichkeit der Beschreibung und Tiefe der Handlung.

Welchen Umfang wird Ihre Geschichte annehmen? Auf welche Weise wollen Sie Ihre Leser fesseln und unterhalten?

Kürzestgeschichte

Es ist anfangs schwierig, seine Geschichte in einer möglichst geringen Anzahl von Wörtern darzulegen. Die Kürzestgeschichte ist für mich der Übergang zur Lyrik, die Gedanken und Gefühle noch mehr *verdichtet*, als diese Form. Jedes Wort will hier überlegt sein, hat vielleicht sogar mehrere Bedeutungen. Manchmal sind mehrere Versuche nötig, bis das Ziel erreicht ist, allerdings ohne Garantie, gerad so, wie in der Lyrik. Genau wie dort ist es ratsam, an jedem Wort zu feilen und sich seiner Bedeutung bewusst zu werden. Ziel ist es, nach Möglichkeit beim Leser die gleichen Vorstellungen zu wecken, wie Sie in sich selbst. Im nachfolgenden Beispiel weiß ich nicht, welcher Version der Geschichte »*Unheimlicher Besuch*« ich den Vorrang geben sollte. Die erste Version hat ohne Überschrift 266 Wörter:

Unheimlicher Besuch
Hätte mir früher jemand die folgende Geschichte erzählt, hätte ich am Wahrheitsgehalt gezweifelt. Doch ich habe einen unschlagbaren Beweis.
Mit einem guten Buch und einer Tasse heißen Kaffee begann ich im Liegestuhl meinen Urlaub. Endlich konnte ich die Sommersonne ausgiebig genießen. Neben mir nahm ich eine Bewegung wahr, die ich anfangs für den

Schatten eines vorüberfliegenden Vogels hielt. Im Nachhinein betrachtet, musste es wohl dazugehören. Dann hatte ich dieses Stechen im Kopf! Kurz darauf war ich paralysiert — gelähmt, aber wach.

Paradoxerweise fing mein Kaffeegedeck an zu schweben. Zuerst begleitet von surrealen Geräuschen, wie zur Probe nur wenige Zentimeter hoch. Es hörte sich wie der unbeschreibbare Phaser-Effekt an, der in der Siebziger-Jahre-Musik hochaktuell war.

Im nächsten Moment schnellte das Gedeck empor. In geringer Entfernung umrundete es mich mehrmals in allen Richtungen. ›Der heiße Kaffee!‹, schrie ich innerlich vorausschauend auf.

Dann konnte ich es sehen: Die Tasse stand umgedreht als Kuppel auf dem Unterteller. Wo war nur der Kaffee hin? Schließlich schob sich das fliegende Kaffeegedeck genau zwischen Augen und Sonne und verharrte dort.

Lichtblitze, Lasern gleich, schossen von der Unterseite des Untertellers auf meine Stirn, hinter der der Frontallappen die Denkvorgänge überwachte. Millionen Gedanken drängten sich hervor. Dann dieser Kopfschmerz. Ich kniff die Augen zusammen.

Als ich sie wenig später öffnete, lag ich in einem Krankenzimmer, rieb mir die Augen und schloss sie erneut, in der Hoffnung, dann wieder in der Sonne zu liegen. — Es veränderte sich nichts.

Auf meiner Stirn entdeckte ich am Abend eine kleine, mir unbekannte Narbe. Genau an jener Stelle trafen mich die Lichtblitze. Von wegen »halluzinierender Hitzeschlag«! Die konnten mir viel erzählen!

Die gleiche Geschichte mit 100 Wörtern? War das zu schaffen? Ich entschloss mich zu einen zweiten Anlauf. Welche Variante gefällt Ihnen besser?:

Unheimlicher Besuch

Es klingt unglaublich. In der Sommersonne saß ich beim Kaffee; plötzlich ein Stechen im Kopf. Körperlich war ich paralysiert. Paradoxerweise schwebte mein Kaffeegedeck zentimeterhoch über dem Tisch.

Gleich darauf schoss es hoch und umrundete mich mehrmals in allen Richtungen. »Der heiße Kaffee!«, brüllte ich. Eigenartigerweise stand die Tasse umgedreht als Kuppel auf dem Unterteller. Wo war der Kaffee hin? Das fliegende Kaffeegedeck schob sich zwischen Sonne und Augen. Feine Laserstrahlen aus der Untertasse fokussierten meine Stirn.

Millionen Gedanken drängten hervor. Kopfschmerz. – Ich erwachte im Krankenzimmer. Auf der Stirn entdeckte ich eine Narbe und wusste: ›halluzinierender Hitzeschlag‹ war die falsche Diagnose!

Im Vergleich werden Sie feststellen, an welchen Stellen ich etwas weggelassen habe und an welchen *verdichtet* wurde. (Daher auch das Wort *Gedicht*!)

Kurzgeschichte

Wie die Kürzestgeschichte beschreibt die Kurzgeschichte genau *einen* Vorgang, ein Problem, das auf die eine oder andere Weise gelöst wird. Sie wirft den Leser direkt ohne große Einleitung in das Geschehen. Hier gilt das Motto: *Erst den Leser fesseln, dann erzählen.* Das erreichen Sie, indem Sie beispielsweise mit einem Dialog, einer wörtlichen Rede, einsteigen, eine (umstrittene) philosophische These in den Mittelpunkt stellen oder mit einer gerafften Inhaltsvorschau anfangen.

Die ersten Sätze sollten den Leser packen. Sie können mit einer Feststellung beginnen, wie: *»Hätte ich an diesem Tag meinen altgewohnten Weg genommen, würde ich jetzt nicht auf der Polizeiwache sitzen.«* Alles, was den Leser neugierig macht, ist erlaubt, aber nehmen Sie ihn ernst. Er darf sich in Ihrem eigenen Interesse nicht verschaukelt fühlen!

Umreißen Sie am Anfang mit wenigen Worten die Ausgangssituation, damit der Leser erfährt: **Wer ist im Spiel?**, **was steht auf dem Spiel?**, **wo und wann** spielt die Geschichte? und **warum** passiert das alles? Einiges davon dürfen Sie auch später beantworten.

Wenn es im Geschehen keinen besonderen Grund gibt, erfahren Sie nichts über das Aussehen der Figuren und den Handlungsort. Das Erzähltempo ist erhöht und verzichtet auf Nebensächlichkeiten. Die Sprache ist genau und orientiert sich oft an der Alltagssprache. Für Rückblenden ist kein Platz. Haben Sie eine Pointe? Um so besser!

Die Länge sollte so bemessen sein, dass sie in einem Zug gelesen werden kann, beispielsweise in einer Arztpraxis oder bei anderen wartenden Gelegenheiten bis zu einer halben Stunde. 20 Normseiten sollten die obere Grenze sein. Der Übergang von einer zur nächsten Kategorie ist schwimmend. Je nach Auffassung gibt es zwischen der Kürzestgeschichte und der Kurzgeschichte noch die *kurze Kurzgeschichte*. Hier ist alles bisher Gesagte aufs Notwendigste reduziert.

Siehe: https://wortwuchs.net/kurzgeschichte-merkmale/.

Erzählung

Im Gegensatz zu einer Kurzgeschichte verlangt eine Erzählung eine fesselnde Einleitung, einen erzählerischen Mittel- oder Hauptteil und einen auflösenden oder überraschenden Schluss. Am spannendsten sollte es etwa nach zwei Dritteln des Textes werden. Dort überschlagen sich meist die Ereignisse.

Beginnen Sie Ihre Erzählung mit der knappen Vorstellung der handelnden Figuren und des Handlungsortes. Denken Sie daran, dass auch die Erzählung davon lebt, dass Sie den Leser zuerst einmal mit interessanten Aussagen oder aufgeworfenen Fragen fesseln müssen. Details können später folgen. Auch hier kommt es auf Genauigkeit an. Schreiben Sie Ihre Erzählung mit treffenden Begriffen und bleiben Sie verständlich. Erzählen Sie in der zeitlichen Reihenfolge des Geschehens. Zeitliche Sprünge sollten Sie vermeiden. Notwendige Rückblenden könnten Sie als Zitate aus Briefen oder Ähnlichem in das Geschehen einbauen. Hören Sie beim Schreiben nach innen, auf Ihr Gefühl. Andererseits: Kann es sein, dass außer Ihnen nur wenige so fühlen? Das scheint ein Widerspruch zu sein! Durchdenken Sie deshalb Ihr Vorhaben und wägen Sie die Argumente dafür und dagegen sorgfältig ab. Stellen Sie sich deshalb vor, Sie berichten einem Bekannten von einem Ereignis oder Erlebnis. Wie wird dieser wohl reagieren?

Siehe: https://wortwuchs.net/erzaehlung/.

Literarisches Feuilleton

Eine genaue Definition für das Feuilleton gibt es nicht. Fest steht nur, dass es in den Zeitungen und Zeitschriften des 19. Jahrhunderts als Kulturbeilage in Frankreich entstanden ist. Der französische Name wurde bei der Einführung Anfang des 20. Jahrhunderts auch in Deutschland beibehalten. Mit gekonntem Wortspiel entzogen sich Schreiber in der Hitlerzeit oft dem Zugriff der Zensur und der Gestapo. Auch heute noch besteht ein Unterschied zwischen den Feuilletonseiten einer Zeitung und dem literarischen Feuilleton.

Das literarische Feuilleton versteht sich als das Bindeglied zwischen journalistischem und literarischem Schreiben. Es befasst sich mit der unterhaltsamen Betrachtung von Vorgängen und Anschauungen in der Gesellschaft vom Arbeitsleben bis hin zur Kunst. Gern auch mit Weitblick über die Auswirkungen. Als Beispiele zu betrachteten Vorgängen werden gern Gleichnisse benutzt, um das Wesen der betrachteten Sache zum Vorschein zu bringen. Es kann mit Wortwitz den moralischen Zeigefinger erheben, ohne dass er als solcher unbedingt wahrgenommen wird.

Siehe: https://www.lernhelfer.de/schuelerlexikon/deutsch/artikel/feuilleton.

Weitere Formen

Neben den erwähnten literarischen Formen gibt es viele weitere, beispielsweise den Roman. Auch journalistische Formen der Textgestaltung sind für einen Autor in vielerlei Hinsicht interessant, weil sie es ihm ermöglichen, seine Meinung direkt zum Leser zu transportieren. Die einfachste Form ist der Leserbrief. Auch Nachrichten, Kommentare, Kolumnen, und Glossen gehören zu den meinungsbildenden Texten.

- Die **Nachricht** sollte objektive Sachverhalte darstellen. Sie ist stets aktuell und enthält Informationen. Nachrichten beantworten die W-Fragen und dürfen nicht die persönliche Meinung des Autors beinhalten.
- Der **Kommentar** ist eine Darstellungsform, die die Meinung zu einer Nachricht äußert. Neben der eigenen Anschauung sollte auch ein Fazit, eine Schlussfolgerung klar formuliert werden.
- Die **Kolumne** ist eine Sonderform eines Kommentars. Kolumnen erscheinen regelmäßig in den gedruckten Medien und haben dort einen festen Platz. Sie brauchen sich aber nicht auf eine Nachricht beziehen und können eigene Themen aufgreifen.
- Die **Glosse** unterscheidet sich von den anderen Formen, weil sie das aktuelle Geschehen zum Inhalt hat und es dabei ironisch und sarkastisch kommentiert.

Lebendige Figuren

Da Sie schon mindestens eine Idee haben, die sie »nur noch« umsetzen wollen, schweben Ihnen bestimmt neben den handelnden Personen, gewiss sogar Handlungsorte und die Handlungszeit vor.

Je länger der Text ist, desto besser sollten Sie die Figuren ausarbeiten. In einer Kurzgeschichte wird allenfalls von einem kleinen Mädchen berichtet. Für Sie als Autor sind die Eigenschaften des Mädchens unter Umständen bedeutend, denn Sie haben oft Körpermerkmale des Mädchens vor Augen, vielleicht sogar eine konkrete Person, und lassen Sie nach Ihren Vorstellungen handeln.

In einem längeren Werk sollten Sie Ihre Figuren so gut kennen, wie Mutter, Vater, Geschwister, Kinder und Großeltern. Es ist oft von Vorteil, wenn Sie Eigenschaften festlegen, die nie in dem zu schreibenden Text auftauchen. Sie entscheiden auch aufgrund der Hintergrundinformationen, wie sich Ihre Figuren bewegen, was sie tun. Je übereinstimmender sich Ihre Figuren zum Geschehen verhalten, desto echter wirken sie in Ihrer Geschichte.

Für ein größeres Werk empfiehlt es sich, all diese Merkmale in Figurenblättern festzuhalten, auch deshalb, um einer Figur immer die gleichen Kennzeichen zu attestieren. Es wäre fatal, der Figur einmal blaue Augen zuzuschreiben, und später braune.

Es versteht sich von selbst, dass Sie als Figuren nicht reale Menschen übernehmen können, auch nicht mit geändertem Namen. Die Betroffenen erkennen sich erfahrungsgemäß schnell wieder.

Der Weg zu einer lebendigen Figur ist vielfältig. Sie können mit Stereotypen anfangen wie ein *wissenshungriger Wissenschaftler* und ihm Stück für Stück weitere Eigenschaften zuordnen, oder Sie nehmen sich einen echten Menschen und verändern seine Merkmale. Da kann aus groß klein werden und aus dick dünn. Das beinhaltet nur eine Gefahr: Trotzdem ist es möglich, dass sich diese Person wiedererkennt, was je nach Temperament viel Ärger, auch vor Gericht, bedeuten kann. Besser ist es da schon, Eigenschaften von mehreren Leuten zu mischen. Aber passen Sie darauf auf, dass sich die Eigenschaften nicht widersprechen und vor allem zum Charakter passen. Es gibt eben keine Weltklasseläufer, die korpulent sind, um mal etwas sehr Gegensätzliches zu kreieren. Es ist dazu im Gegensatz durchaus möglich, dass einem Mafiaboss das Wohlergehen der Familie am wichtigsten ist, zumindest nach außen hin.

Der Figuren-Name

Es scheint einfach zu sein, einen Namen für jede Figur festzulegen. In einer Geschichte sollten sie gut zu unterscheiden sein. Sie können die Namensgebungen auch auf die Spitze treiben und Bezeichnungen wählen, die den Charakter der Figuren oder das Aussehen beschreiben. Friedrich Schiller bediente sich in dem Schauspiel »Kabale und Liebe« mit dem *Hofmarschall von Kalb,* dessen Bildung einem Tier gleichzusetzen, dieser Praxis.

Bestimmte Namen scheinen fest mit einer Charaktereigenschaft verbunden zu sein. Im wahren Leben wurde eine ganze Zeit abgeraten, einem Jungen den Namen *Kevin* zu geben, weil dieser Name dazu führte, dass die Leistungen dieser Schüler in der Schule tendenziell schlechter bewertet wurden, als andere. Ursache war der Film »Kevin – allein zu Haus«. Auch Susi oder Suse vermitteln oft ein negatives Gefühl von Dummheit (»Suse, dumme Suse, was raschelt im Stroh«, als Kinderlied oder: »Nimm Du sie, die Susi, sie ist mir einerlei« aus dem Film »Kohlhiesels Töchter« mit Liselotte Pulver). Andererseits können Sie mit derartigen Vorurteilen spielen und beispielsweise die Susi als besonders pfiffiges Mädchen einführen, das zum Beispiel von unstillbarem Wissensdurst geprägt ist. *»Die kleine Susi musste immer alles genau wissen und ließ sich nicht mit halbherzigen Antworten abspeisen«* oder *»Anders als ihr Name es uns weismachen will, war sie die beste Schülerin ihrer Klasse.«*

Manchmal ist man versucht, exotische Namen für die Figuren zu (er)finden. In der Wirklichkeit denken leider viele Eltern nicht an die ernsten Folgen derartiger Namen: Ihr Kind muss eines Tages auch seinen Namen schreiben. Das kann für uns Autoren kein Maßstab sein. Treiben Sie Ihre Leser nicht in den Wahnsinn, und verwenden Sie leicht zu merkende oder gut bekannte Namen.

Ausländische Namen behalten Sie am besten ausländischen Figuren vor, und zwar typisch französische für französische, typisch italienische für italienische und so weiter. Wenn Sie bewusst dagegen verstoßen, wie *Fred Vargas* bei dem Pariser *Kommissar Adamsberg*, geben Sie der Figur andere herausragende Eigenschaften und ein typisch französisches Verhalten oder Aussehen.

Bei weniger bekannten Ländern verwenden Sie am besten möglichst mühelos zu lesende und für unsere Zungen geeignete Namen. Ihre Leser werden es Ihnen danken.

Auch die Länge der Namen ist in Ihrer Geschichte wichtig. Es wird von den meisten Lesern als angenehm empfunden, dass Vor- und Familiennamen zwei, höchstens drei Silben haben und zusammen maximal fünf. Beachten Sie, dass es in manchen Ländern üblich ist, zumindest bei öffentlichen Anlässen auch den Vatersnamen (Russland) zu nennen. Im arabischen Raum und Asien gibt es abweichende Bezeichnungen der Vor- und Familiennamen zu den deutschen. Dort hat die Familie oder das Familienoberhaupt einen viel höheren Stellenwert als bei uns, was sich in der Anrede und dem zuerst genannten Namen niederschlägt. Machen Sie sich also mit den Gepflogenheiten der jeweiligen Länder *vor* dem Festlegen der Namen beim Schreiben bekannt.

Aussehen

Wenn wir einem unbekannten Menschen begegnen, entscheidet unser Gehirn innerhalb weniger Sekunden, ob Sie diesen Menschen mögen oder nicht. Sehr oft bestätigt sich das schnell gefällte Urteil mit der Zeit. Doch worauf beruht diese Schnelleinschätzung? Sind die Gesichtszüge ebenmäßig oder weicht die Form stark von der Symmetrie ab? Sieht er einem Menschen ähnlich, dessen Charakter Sie kennen? Wie groß ist Ihre Figur? Wie kleidet sie sich? Ist sie gepflegt oder heruntergekommen? Geht sie aufrecht oder eher gebückt? Hat sie blaue oder braune Augen? Ist sie männlich oder weiblich oder ist das Geschlecht unbestimmt?

Zum Aussehen gehört in jedem Falle auch die ethnische Herkunft. Ist er Europäer (auch Kaukasier, Bleichgesicht genannt, denn viele US-Amerikaner und Kanadier haben europäische bzw. kaukasische Wurzeln) oder kommen seine Vorfahren aus einem anderen Teil der Welt? Solche Details sorgen oft für Vorurteile, die Sie in Ihrer Geschichte hervorheben oder entkräften können.

Legen Sie, nachdem Sie sich erste Gedanken über eine Figur gemacht haben, das Geschlecht, die Größe, das Gewicht oder den Body-Mass-Index fest. Machen Sie sich Gedanken über die Sportlichkeit, die körperliche Verfassung und weitere Angaben wie Augenform und -farbe, der Frisur und die Bartform.

Der erste Eindruck

Der erste Eindruck, den wir von einem Menschen haben, verändert uns selbst, unsere Urteile und Vorurteile über ihn. Sind Sie gegenüber dem anderen reserviert, wird Ihr Gegenüber anders reagieren, als wenn Sie ihm vorbehaltlos gegenübertreten. Auch Ihr Gegenüber hat einen ersten Eindruck von Ihnen.

Machen wir uns nichts vor, der erste Eindruck täuscht manchmal auch. Auf den Prüfstand werden wir unsere Einschätzung oft erst sehr viel später stellen. Bis dahin bleiben wir vorsichtig, wenn sich das Gefühl nicht gleich bestätigen sollte. Es können eine Menge Missverständnisse auftreten. Probieren Sie doch einmal auf einer Seite Text aus, was da passieren könnte.

Eigentlich müsste jeder Mensch Psychologe sein, um andere Menschen besser einschätzen zu können. Aber macht das nicht ihren Reiz aus, wenn unsere Figur bei der ersten Begegnung mit einer weiteren Figur anders handelt, als wir uns das vorgestellt haben? Wenn sie entgegen unserem Empfinden handelt, muss es dafür einen wichtigen Grund geben. Den müssen Sie Ihren Lesern vermitteln. Haben Sie gemerkt, wie Ihr Gehirn gleich ein solches Beispiel aus Ihrer Erfahrungswelt gesucht hat?

Kommen Sie näher an eine Figur heran, stellen Sie oft fest, wie sie es mit der körperlichen Hygiene hält. Machen Sie nicht den Fehler, alle Figuren in dieser Hinsicht als vorbildlich darzustellen. Die Bandbreite ist da sehr groß und hängt im Wesentlichen von seiner gesellschaftlichen Stellung ab. Manchmal ist es eben eine »Drecksau« im weitesten Sinne, die der »gute« Charakter ist und die die Geschichte interessant werden lässt. Oft erst auch auf den zweiten Blick.

Beruf

Wenn Sie den Beruf als eine Berufung ansehen, können Sie sich die Erfahrungswelt zumindest grob vorstellen. Aber von der Erfahrungswelt können Sie keine unmittelbaren Rückschlüsse auf den Beruf herleiten. Menschen sind meist mehr als nur einseitig interessiert. Je mehr Interessen ein Mensch hat, umso intelligenter ist er in der Regel. Trotzdem hat der Beruf eines Menschen oder in unserem Falle einer Figur enorme Auswirkungen auf seinen Charakter. Nicht unbedingt auf guten oder schlechten, sondern auf die gefundenen Lösungsmöglichkeiten in seinem Handeln und seiner Anschauung der Politik. Der jeweilige Beruf hat Einfluss darauf, wie hoch sein Einkommen sein kann. Ein schwer arbeitender Hilfsarbeiter wird sich beispielsweise kaum antike Möbelstücke leisten können. Wenn doch, hat er noch andere Einkommensquellen oder ist nicht immer Hilfsarbeiter gewesen. Dann kann dies unter Umständen der Grund für eine Straftat in einem Krimi sein. Wie konnte eine Figur so werden? Welche Umstände haben dazu geführt?

Einkommen

Mit dem Beruf klang es schon an, dass das Einkommen eines Menschen Auswirkungen auf seinen Lebensstil hat. Hier haben Gerechtigkeitsvorstellungen keinen Platz. Das Einkommen entscheidet darüber, was sich die Figur leisten kann. Öfter im Restaurant essen zu gehen und möglicherweise noch Einladungen dafür auszusprechen, trifft wohl nicht für die Masse der Menschen zu. Andererseits zeigen Besserverdienende gern ihren beruflichen Erfolg. Je nach Charakter der Figur kommen dafür eine teure Uhr, eine Edel-Automarke aber auch öffentlich genannte Spenden in Betracht, während andere ein Einkommen haben, das nur für die allernötigsten Bedürfnisse reicht, und manchmal nicht einmal dafür. Andererseits haben Sie sicher öfter schon einmal festgestellt, dass Einkommensschwache unbedingt den größten Fernseher oder ein teures Smartphone von Apple haben müssen. Sie versuchen, sich mit solchen Dingen selbst aufzuwerten. Wiederum gibt es manche Typen, die ärmlich wohnen, während ihr Konto einen ganz anderen Lebensstil zulassen würde. Hatten diese Figuren ganz bestimmte Erlebnisse, die zu so einer schrulligen Sichtweise führten?

Persönliche Einstellung und Gesinnung

Was im realen Leben fast jeder ablehnen würde, nämlich die absolute Kontrolle sämtlicher Geisteshaltungen des Volkes, ist bei der Planung einer längeren Geschichte unerlässlich. Sie als Autor kreieren dafür Ihr eigenes Volk. Welche Vorlieben und Abneigungen haben unsere Figuren? Dazu zählen auch Macken, wie die Henkel von Tassen im Küchenschrank immer nach rechts auszurichten, oder die eigene Meinung immer mit einem »gell?« abzuschließen. Das Genannte sind Angewohnheiten, die noch relativ harmlos sind. Welchen fleischlichen Genüssen geben sich unsere Figuren hin? Welche Lieblingsspeisen bevorzugen sie? Wie halten sie es mit Ausgehen und Tanz? Sind sie Vegetarier oder das genaue Gegenteil davon? Mögen sie Frauen oder Männer? Ist Sex ein Tabuthema für sie? Nehmen sie Drogen und Aufputschmittel oder lehnen sie so etwas rundweg ab? Wie halten sie es mit Kaffee, Zigaretten und Alkohol?

Sie merken schon, dass das ein umfangreiches Thema ist. Es ist sehr schwer, hier allumfänglich zu sein. Denken Sie ans Aufstehen, an die Körperhygiene und Marotten wie Waschzwang und den schon angedeuteten Ordnungsfimmel. Was halten unsere Figuren von zu lauten Nachbarn, oder sind sie gar selbst solche? Haben sie ein Hobby und wenn, welcher Art, künstlerisch oder sportlich oder etwas anderes? Wie halten sie es mit Familie, Fernsehen und Facebook? Gibt es für sie ein bestimmtes Aufregerthema?

Sicher gibt es für Sie Themen, für die Sie sich besonders interessieren. So sollten Sie auch Ihre Figuren anlegen. Mit positiven und negativen Eigenschaften. Menschen sind nicht ausschließlich gut oder schlecht. Es gibt durchaus den Nachbarn, der großzügig ist und gern anderen hilft, aber seinem eigenen Partner mit Pedanterie oder Gewalt das Leben zur Hölle macht. Es geht schließlich um lebensnahe Figuren, die aus einem inneren Antrieb heraus handeln.

Doch es passiert immer wieder, dass Ihre Figuren, obwohl sie nur aus Worten bestehen, quasi ein Eigenleben entwickeln, und dass sie manchmal nicht tun, was Sie von ihnen erwarten. Dabei haben Sie ihnen jedes einzelne Wort in den Mund gelegt, jede einzelne Handlung selbst aufgeschrieben. – Wenn Ihnen das irgendwann einmal passiert, lächeln Sie nachsichtig. Dann fängt Ihre Figur aufgrund der Eigenschaften, die Sie ihr gegeben haben, von innen heraus an zu handeln. Da hilft es dann nur, entweder Ihr Konzept umzuarbeiten oder herauszufinden, warum Ihre Figuren so gehandelt haben. Das heißt andererseits, dass Sie es waren, die sie zum Leben erweckten, dass Sie zu einer Art Schöpfer geworden sind. Das ist eine gute Ausgangslage. Sie müssen unbedingt wissen, wie jede Figur *tickt, denkt* und welche Marotten sie hat.

Private Verhältnisse

Es ist wie im richtigen Leben. Die Mehrheit der Menschen verhält sich anders, wenn sie durch einen Partner gebunden sind. Sie müssen aber auch innerlich dazu stehen. Partnerschaften, die nur auf dem Papier existieren, deren Partner sich ansonsten wie Singles verhalten, müssen Sie auch als solche beurteilen.

Durchdenken Sie bei diesem Thema neben der Familie auch das Verhältnis zu Freunden und Bekannten. Ist die Figur im gesellschaftlichen Leben eingebunden, in Vereinen oder anderen Gruppen?

Andere wiederum sehen sich der Großfamilie mehr verpflichtet, als dem eigenen Partner. Meist gibt es dort eine (oft männliche) Person, die immer bestimmen will, wo Geld hinfließt oder dass der Freund einer Verwandten nicht in die Mischpoke passt.

Accessoires

Während sich die einen mit massenweise Schmuck behängen, halten sich andere bei ihren Accessoires zurück. Das sagt viel über den Charakter der Figur aus, aber nur, wenn sie nicht durch gewisse Umstände zu der einen oder anderen Art dazu gezwungen wird. Ringe sind bei rauer Arbeit oft sehr hinderlich, wenn nicht sogar gefährlich. Andererseits leidet Schmuck bei bestimmten Tätigkeiten. Als erfolgreicher Unternehmer ist beispielsweise eine wertvolle Armbanduhr ein Schmuckstück und Erfordernis gleichzeitig. Einerseits zeigt die Figur, was sie sich als erfolgreicher Geschäftsmann leisten kann, und weist andererseits darauf hin, welche Rolle die Zeit für den eigenen Erfolg spielt. Daraus lässt sich viel über den Charakter der Figur ableiten. Die Uhr ist aber auch gleichzeitig ein Hinweis auf die Figur. Taucht diese spezielle Uhr irgendwo in der Geschichte ohne den eigentlichen Träger auf, denkt der Leser sofort an den Geschäftsmann. Sie ist praktisch wie eine Flaschenpost, dass da etwas mit dem Geschäftsmann passiert sein muss.

Ein beim Sprechen blinkender Goldzahn kann beispielsweise auf einen russischen Oligarchen hinweisen, oder auf halbseidene Typen, wenn sie zusätzlich eine schwere Goldkette tragen, um einmal ein Stereotyp zu bemühen. Auch ganz etwas anderes kann es sein. Es kommt bei der Gestaltung immer darauf an, wie dieses besondere Stück eingeführt oder vorher beschrieben wurde. Solche besonderen Dinge können als Ersatzidentität, Avatar, wirken. Machen Sie sich also Gedanken über die Dinge, die Ihre Figuren immer oder doch fast immer bei sich tragen.

Die Figur in ihrer normalen Umgebung

Wenn Sie eine Geschichte schreiben, so kann der Handlungsort die alltägliche Umgebung der Figur sein, oder sie gerät auf unbekanntem Terrain in die Geschichte. In beiden Fällen brauchen wir Informationen darüber, wie sie in ihrer normalen Umgebung zurechtkommt, wie sie auf kleinere Missgeschicke reagiert, mit wem sie Umgang hat und auch wem sie regelmäßig begegnet, wer ihre Freunde und Feinde sind. Unsere Figur arrangiert sich mit den anderen Figuren und kennt die eigene Umgebung.

Eine Krankenschwester wird zum provisorischen Reparieren eines Kugelschreibers oder eines Fieberthermometers wahrscheinlich ein Stück Pflaster zur Fixierung nutzen, der Hausmeister des Krankenhauses die Heißklebepistole, die Silikonspritze oder vielleicht auch das graue Panzerklebeband mit den eingelegten Fäden.

Genau wie die Handlungsweise in dieses Thema hineinspielt, ist es auch die übliche Kleidung für den Job. Ein Versicherungsvertreter beim Vertragsabschluss im Overall und Gummistiefeln wirkt genau so unangebracht wie ein Bauarbeiter in Schlips und Kragen bei Betonarbeiten. Wenn es in Ihrer Geschichte trotzdem genau so ist, gibt es einen bestimmten Grund dafür. Beispielsweise die aufgeweichte Straße hin zum Dorf oder ein Notfall. Sie können sich ja einmal eine kurze Geschichte für so einen Widerspruch ausdenken und auf einer halben Seite niederlegen.

Bildung

Nicht zu vernachlässigen ist das Allgemeinwissen Ihrer Figur. Eine weniger gebildete Figur spricht anders, als eine Figur mit höherem Abschluss. Das heißt nicht, dass hochgebildete Figuren in ihren Entscheidungen menschlicher sind. Aber sie sind in ihrem Tun überlegter, verschiedentlich aber arroganter.

Die Bildungsfaustregel besagt, dass von 10 gestellten Fragen der gutgebildete mindestens 8 richtig beantwortet, der mittelgebildete etwa 5 und der schlechtgebildete nicht mehr als 2 Fragen. Benutzen Sie bei den Ergebnissen keine Extreme, die wirken unglaubwürdig. Die Fragen sollten sich dem jeweiligen Bildungsgrad anpassen.

Handlungsorte

Was für die Figuren einer Geschichte gilt, gilt auch für die Handlungsorte. Wenn Ihre Handlung in einem bestimmten Haus spielt, sollten Sie sich über die Höhe, die Art und den Grundriss klar sein. Wie sind die Räume beschaffen und zu welcher Himmelsrichtung liegen sie? Gibt es einen Garten und wo ist die Straßenseite? Steht das Haus in einem Dorf, in einer Großstadt oder steht es womöglich im Wald? Wie viel Geschosse hat es und wo wohnen die einzelnen Figuren? Wie alt ist es und hat es einen Fahrstuhl? Ist es heruntergekommen oder ein Neubau? Welche gesellschaftliche Schicht bewohnt es? Ist es im Zentrum oder am Stadtrand? Gibt es dunkle oder geheime Wege zum Haus, hat es einen Keller und ist es womöglich mit anderen Häusern mit einem Kriech-Tunnel verbunden? Wenn das der Fall ist, wurde es vermutlich vor 1939 gebaut, und hat einen Luftschutzraum. Diese Fragen ließen sich noch lange stellen.

Wenn ich erreicht habe, dass Sie sich nun mehr Gedanken um das Umfeld Ihrer Geschichte machen, ist meine Aufgabe erfüllt. Spielt Ihre Geschichte vielleicht in einem ganz anderen Umfeld oder in einer ganz anderen Zeit? Dann sind die Fragen, die Sie sich stellen und beantworten müssen ganz andere.

Die Erzählperspektive

Wie eine Geschichte auf den Leser wirkt, darauf haben Sie als Autor einen erheblichen Einfluss. Sie sollten die Mittel wählen, die Ihrer Geschichte guttun, egal ob Kurzgeschichte oder mehrbändiges Epos. Wenn Ihr Leser in sie eintaucht und nicht von ihr lassen kann, dann haben Sie die richtige Erzählperspektive gewählt.

Der persönliche Stil

Ihr persönlicher Stil fließt in die Erzählperspektive ein und man kann ihn nicht davon trennen. Sie haben Ihre Vorlieben bei der Länge der Sätze, ob Sie bei Begründungen lieber das Wörtchen »weil« verwenden oder »dass« und »sodass« bevorzugen und wie Sie Ihre Figuren zum Leben erwecken. Der eine verwendet gern Modeworte, während der nächste ungewöhnliche Vergleiche anstrebt. Noch ein anderer liebt es technisch. Es gibt da noch viele andere Gesichtspunkte, die Sie von anderen Autoren unterscheiden. Es ist eben Ihr Stil. Den haben Sie, ohne dass Sie sich darüber Gedanken machen müssen, und der sich sogar kriminalistisch und psychologisch durch Sachverständige auswerten lässt. Darauf sollten Sie stolz sein. Es ist Ihr Markenzeichen und fast so vielfältig wie Ihr Fingerabdruck, den Sie immer wieder ungewollt hinterlassen.

Das hat nichts damit zu tun, dass Sie die eine Geschichte aus einem ernsthaften Grundgedanken heraus schreiben oder ob Sie sich in der anderen über einen Vorgang lustig machen. Versuchen Sie daher gar nicht erst, jemand zu sein, der Sie nicht sind!

Wer erzählt die Geschichte?

In vielen Geschichten gibt es eine Figur mit einem bestimmten Namen, welche die Geschichte erzählt. Meistens bezeichnet sich die Figur als ›ich‹. Das ist der Ich-Erzähler, der seine Erlebnisse und Anschauungen zum Besten gibt. Es kann sein, dass er auch einmal das Wort ›wir‹ verwendet, wenn er sich als Teil einer Gruppe von Figuren sieht. Auf jeden Fall berichtet dieses ›Ich‹ alles aus seiner eigenen Perspektive, aus seinem Erleben heraus. Über das, was andere Empfinden kann er nur Mutmaßungen anstellen.

Wenn es darauf ankommt, dem Leser eine unmittelbare Sicht auf die Handlung mitzuteilen und miterleben zu lassen, verwenden Sie den Ich-Erzähler. Der Leser wird Freud und Leid dieses ›Ichs‹ miterleben, denn das ›Ich‹ erzählt die Geschichte selbst.

Etwas distanzierter wirkt es, wenn Sie als Autor eine Person beobachten, was ›Er‹ oder ›Sie‹ oder ›Es‹ erleben. Sie sind dann noch relativ nah am Geschehen, aber in den Kopf hineinsehen, wie beim Ich-Erzähler kann der Leser nicht mehr. Hier erzählt meistens ein nicht näher benannter Erzähler, der nicht an der Handlung beteiligt ist und dessen Namen nicht erwähnt wird, die Geschichte. Bei längeren Werken mit mehreren Handlungssträngen oder Sichtweisen ist dies die praktikabelste Lösung. Sie können so als Autor verschiedene Figuren zu verschiedenen Zeiten verfolgen, sind also nicht an eine einzige Figur gebunden. Trotzdem ist der Erzähler *nicht der Autor* und liegt irgendwo dazwischen. Der Autor schreibt es nur auf und kann ganz andere private Anschauungen haben, als der personale Erzähler. (Das trifft auch auf den Ich-Erzähler zu.) Motivieren Sie die Wechsel zwischen den verschiedenen personalen Figuren (er, sie, es) trotzdem. Innerhalb einer Szene die beobachtete Figur zu wechseln ist nicht üblich und führt oft zur Verwirrung. Es gibt aber Situationen, wo das durchaus funktioniert, sollte aber nicht zur Sorglosigkeit führen.

Begeben wir uns noch höher hinaus, wird Ihr Wissen über die Figuren gottgleich. Das wird als ›*allwissender Erzähler*‹ oder literarisch als ›*auktorialer Erzäh-*

ler‹ bezeichnet. Diesen Begriff brauchen Sie sich nicht unbedingt merken. Selbst verwende ich gern die deutschen Entsprechungen, weil sie mir eingängiger sind. Wie *allwissend* Sie Ihren ›allwissenden‹ Erzähler anlegen, kann sehr unterschiedlich sein. Kann er live in die Köpfe der Figuren sehen oder weiß er mehr, wie eine Sache enden wird. Kann er womöglich das Geschehen direkt beeinflussen, oder kann er nur als Zuschauer dem Leser von den Figuren berichten.

Als Gottgleicher wird dieser Erzählertyp das Geschehen so kommentieren, dass er auf jeden Fall außerhalb der Geschichte steht. Das können Sie unter anderem dadurch kenntlich machen, dass er über Informationen verfügt, über die die Hauptfigur, also der Protagonist, und auch die anderen nicht verfügen.

Die Erzählweise ist genau so ein gestalterisches Element, wie die Erzählzeit (Gegenwart, Vergangenheit usw.) und die wörtliche und nichtwörtliche Rede und sogar ein Dialekt. (Allerdings sollten Sie Dialekte und Mundarten immer nur andeuten und dann zur normalen Sprache zurückkehren.)

Einige Beispiele:

Ich-Erzähler:

Ich habe heimlich unter der Bettdecke geschrieben. Niemand, auch nicht meine Schwester, durften mitbekommen, dass ich an neuen Geschichten arbeitete. Zu oft hatte man mich wissen lassen, dass ich nicht schreiben könne.

Personaler Erzähler (er, sie, es):

Er verkroch sich immer unter die Bettdecke, wenn man ihm wieder einmal nach dem Vorlesen seiner eigenartigen Geschichten bescheinigte, dass er nicht schreiben könne.

Allwissender Erzähler:

Niemand wusste, dass er, wenn er sich unter seine Bettdecke verzog, heimlich weitere Geschichten schrieb. Zu oft hatte man ihm, wenn er sie vorlas, gesagt, dass er nicht schreiben könne. Dass er in nur zwei Jahren mit einem Bestseller-Roman berühmt werden wird, ahnt seine Familie nicht, und er am allerwenigsten.

Stephan King sagte einmal, dass der Autor die Bilder in seinem Kopf möglichst eins zu eins in den des Lesers bringen muss. Gelingt Ihnen das, können Sie sich im Prinzip alles erlauben, wenn der Leser es nur versteht und nicht verwirrt zurückbleibt.

Erzählzeitform

Wenigstens 90 Prozent aller Geschichten werden in der *Vergangenheit*, dem *Präteritum* oder auch *Imperfekt*, erzählt. Es ist die natürlichste Art, eine Geschichte zu erzählen. Sie können normalerweise nur das erzählen, was Sie zuvor erlebt oder erdacht haben. Sie werden diese Feststellung sicher als gewöhnlich empfinden. Auch in der vollendeten Vergangenheit (Plusquamperfekt) können Geschichten erzählt werden, werden aber als kompliziert im Ausdruck empfunden. Hin und wieder wird diese Form aber benutzt, um zu verdeutlichen, dass eine bestimmte Sache schon lange her oder abgeschlossen ist.

Vergangenheit: *Er setzte sich auf die frisch gestrichene Bank.*
Vollendete Vergangenheit: *Er hatte sich auf die frisch gestrichene Bank gesetzt.*

Diese Formen eignen sich dafür, ein Geschehen umfassend darzustellen. Es bietet aber auch die Möglichkeit, die Geschichte für die Figur ›hinzubiegen‹ also zu lügen.

Wenn Sie in der Gegenwart schreiben, erzielen Sie damit etwas Ursprüngliches oder Unmittelbares. Die erlebte *Gegenwart* (*Präsens*) lässt sich nicht verbiegen! Geschichten, die in der Gegenwart geschrieben sind, sind glaubhafter und lassen den Leser mehr mitfühlen.

Vollendete Vergangenheit: *Ich hatte mich auf die frisch gestrichene Bank gesetzt und nahm es mit Humor.*
Gegenwart: *Ich setze mich auf die Bank. »Igitt! Wieso ist die so klebrig?«, entfährt es mir.*

Theoretisch könnten Sie eine Geschichte auch in der *Zukunft* (*Futur*) schreiben. Tatsächlich ist das dann eine Prophezeiung oder Weissagung. Es steht in den Sternen, ob dann alles auch so eintrifft, wie es (vorher-)gesagt wurde. Immerhin können Sie aber eine Geschichte schreiben, in der es diese Unsicherheit nicht gibt. Das setzt wieder voraus, dass Sie noch andere Mittel einsetzen sollten, um diese Unsicherheit zu widerlegen, beispielsweise den Vergleich von Vorhersage und tatsächlichem späterem Geschehen. Bei Zeitreisengeschichten stoßen Sie auf dieses Problem. Es tut einem manchmal das »Gehirn weh« wenn Sie sich durch diese Abhängigkeiten durch-denken müssen.

Rückblenden

Wie beim entlinearisierten Schreiben auf Seite 50 bemerkt, ist es nicht immer vorteilhaft, gleich von Anfang an alles zu verraten. Manchmal braucht die Geschichte oder eine Handlung eine Begründung, warum sich die Figur so und nicht anders entschieden hat. Schreiben Sie Ihre Story in der Gegenwart, so bleibt für den Rückblick die Vergangenheit. Das ist ganz natürlich und gut zu bewältigen.

Schreiben Sie Ihre Geschichte aber in der *Vergangenheit*, müsste die gesamte Rückblende, die Erinnerung, in der *vollendeten Vergangenheit*, dem *Plusquamperfekt*, geschrieben werden. Nun ist aber die Satzkonstruktion in der *vollendeten Vergangenheit* noch schwerer zu lesen, als sie zu schreiben ist.

Sigurd erinnerte sich: Damals hatte *er in einer ähnlichen Situation alles stehen und liegen gelassen. Das war jetzt nicht möglich. Auf ihn richtete sich der Lauf einer geladenen Pistole.*

Sie können in so einer Sachlage ein, zwei Sätze in der vollendeten Vergangenheit, also solche »Hatte-Sätze«, schreiben, fahren dann mit der normalen Vergangenheit fort bis kurz vor dem Schluss. Im letzten Satz der Rückblende wechseln Sie wieder zur *vollendeten Vergangenheit*. Damit wird der Leser daran erinnert, dass das soeben gelesene vor längerer Zeit passierte. Wenn Sie später Erfahrung haben, schaffen Sie es, diesen Trick vielleicht sogar im letzten Halbsatz der Rückblende anzuwenden. Den ersten Halbsatz schreiben Sie in der normalen *Vergangenheit* und den folgenden in der *vollendeten*. Führt die ursprüngliche Handlung wie vor der Rückblende weiter, wechseln Sie wieder in die einfache Vergangenheit. Der Leser registriert das und zieht daraus die richtigen Schlüsse. Er stolpert auch nicht, wenn Sie alles gut bedenken.

Erzählzeit und erzählte Zeit

Etwas anders liegen die Wechselbeziehungen bei der Konstruktion von *Erzählzeit* und *erzählter Zeit*. Während die herkömmliche Rückblende in erster Linie die Erklärungen für Verhaltensweisen betrifft, kehren sich die Verhältnisse nun um. Stellen Sie sich vor, zwei oder mehr Seemänner, treffen sich als Rentner bei einer Weihnachtsfeier der Reederei nach Jahren wieder. Einer nach dem anderen erzählt recht ausführlich von seinen Erlebnissen auf See und spinnt dabei sein Seemannsgarn. Nur kurz wird in der *Erzählzeit* von der Weihnachtsfeier berichtet und wie die erlebten Geschichten das Leben der Seeleute beeinflusst haben.

Vielmehr kommt es auf die Geschichten der Seemänner und das Erleben der Seemänner auf See oder in fremden Häfen an. Das ist die *erzählte Zeit*.

Es ist durch die Ähnlichkeit der Begriffe gar nicht so leicht, beide Zeiten auseinanderzuhalten. Die *Erzählzeit* ist die Zeit, in der sich ein Erzähler, in unserem Falle ein Seemann bei der Weihnachtsfeier, als gegenwärtig darstellt und eine Aufgabe hat, nämlich ein Erlebnis zu schildern und welche Lehren er daraus gezogen hat. *»Seit dieser Zeit habe ich immer eine zweite Uhrkette dabei«*, könnte die Lehre aus einem Erlebnis sein. Die *erzählte Zeit* ist die Zeit, über die berichtet wird, also die Geschichte, die der Seemann erzählt.

In der Literatur finden Sie diese Konstruktion nicht so sehr häufig. *Umberto Eco* lässt in seinem Roman *»Im Namen der Rose«* einen alten Mönch erzählen, was er mit seinem Vorgesetzten erlebt hat (erzählte Zeit) und wie ihn das geprägt hat (Erzählzeit).

Die Wissenschaft ist sich leider nicht einig, wie diese Begriffe zu definieren sind. Im Film gibt es durch die konstante Wiedergabezeit von 24 oder 25 Bildern je Sekunde eine andere Definition. Dort ist die Erzählzeit die Zeit, die gebraucht wird, um einen Vorgang darzustellen.

Selbst wenn keine Zeitlupe verwendet wird, kann im Video oder Film die *Erzählzeit* verändert werden. Wird mit zwei oder noch mehr Kameras gedreht, wird die Laufzeit vervielfältigt.

Ein reiner 100-Meter-Lauf dauert bei Weltklasseläufern etwa 10 Sekunden. Wenn in einem *Film* darüber berichtet wird, kann der abgespielte Film vom Startschuss bis zur Überquerung der Ziellinie durchaus 20 oder mehr Sekunden dauern. In diesen 10 Sekunden passiert nämlich so viel, dass dafür die 10 Sekunden des Laufs für das Erfassen der Einzelheiten nicht ausreichen würden. So etwas können Sie auch in einer Geschichte machen, wie das folgende Beispiel zeigt. Sie vorzulesen dauert ein vielfaches der Zeit des ursprünglichen Vorgangs.

Der 100-Meter-Lauf

Ich war aufs Äußerste angespannt. Dehnübungen und Bewegungen machten meine Muskulatur warm. Würde ich diesmal den Sieg davontragen können? Ob ich meine Trainingszeit bestätigen konnte? Bestzeit 10,81 Sekunden. Endlich wurde ich zum Wettlauf gerufen. Die Starterschiene stellte ich auf die erprobten Maße für die Füße ein. Ein Startversuch. Alles in Ordnung. Die Schrauben drehte ich ganz fest und machte mich bereit. Hände hinter die Linie, Kopf nach unten.

Der Startrichter hob die Pistole. Konzentration.
Es ertönt das Kommando: »Auf die Plätze! – Fertig! – Los!«
Der Schuss fällt. Die Zeit läuft. Zeitgleich drückt mich meine Beinmuskulatur behänd nach vorn. Kein Fehlstart. Automatisch steuert das Kleinhirn die Bewegung, das Großhirn den Siegeswillen. Die Augen richten sich auf die Bahn und das Ziel. Ökonomisch gerade laufen. Bin noch der Erste. Mein rechter Nebenmann setzt seinen Fuß vor mir auf. Schneller werden! Kraft mobilisieren! Wenige Schritte. Ausgeglichen! Ziel kommt näher. Richtig atmen! Arme in Laufrichtung bewegen! Muskeln brennen. Schmerz ignorieren. Schaffe es, werde schneller. Wenige Schritte bis zum Ziel. Lange Schritte. Oberkörper nach vorn. Bin halbe Fußlänge zurück. Schneller werden. Mobilisiere die letzten Kräfte. Atem keucht. Ziel erreicht!
Die Anspannung weicht. Ich laufe aus. In den Bronchien sticht es. Beuge mich vornüber. Mein Herz rast. Ich atme schwer. Schleim in den Luftwegen. Hatte es für mich gereicht? Das Zielfoto musste entscheiden. 10,79 Sekunden. Für den Sieg war ich eine hundertstel Sekunde zu langsam.

In geschätzten 99 Prozent aller Fälle ist allerdings die Zeit, die gebraucht wird, einen Text zu lesen, viel kürzer als das beschriebene Ereignis. Stellen Sie sich doch einmal einen Roman über das Leben von Stephen Hawking oder jemandem anderen vor. Deswegen taugt so eine Definition für die Literatur nicht, während sie für Film und Fernsehen den Nagel auf den Kopf trifft.

Spannung erzeugen

Wenn Sie in einer Buchhandlung gehen oder in die Stadtbibliothek, um sich Lesestoff für die nächsten Tage und Wochen zu holen, haben Sie die Wahl. Als Erstes fällt Ihnen der Titel eines Buches auf, der darüber entscheidet, ob Sie es in die Hand nehmen. Nun gut, auf den Schriftsteller kommt es auch noch an, wenn Sie schon Werke von ihm mit Begeisterung gelesen haben. Sie sind sich bei Fred Vargas oder einem anderen Autor sicher, dass er in einem Stil schreibt, der Sie anspricht? Dann ist der konkrete Titel nicht mehr sonderlich wichtig.

Aber was ist mit weniger bekannten Autoren? Sehen Sie, da ist es für einen Griff ins Bücherregal doch wieder der Titel des Buches, der Sie zugreifen lässt. Der Klappentext auf der Rückseite oder auf dem inneren Umschlag ist Ihr nächstes Kriterium. Er soll Sie neugierig auf den Inhalt machen, ohne viel zu verraten. Wenn Sie die Kurzzusammenfassung überzeugen kann, hat das

Buch schon fast gewonnen. In Folie eingeschweißte Bücher, müssen Sie allerdings erst kaufen, um an den Inhalt zu kommen. In der Stadtbibliothek können Sie zumindest nachsehen, ob der Text gut strukturiert ist, ob es genügend Absätze gibt, die es als Bettlektüre geeignet erscheinen lässt.

Wenn Sie dann anfangen, das Buch oder die Geschichte zu lesen, entscheiden Sie schon oft nach dem ersten Absatz, ob Sie es (diesmal) weiterlesen oder sich lieber etwas anderes suchen. Das betrifft bekannte Autoren genauso, wie unbekannte. Versuchen Sie also, vom allerersten Satz an, Ihre Leser zum Weiterlesen zu bewegen, indem Sie gleich zu Anfang eine interessante Behauptung aufstellen. Erfüllen Sie immer die Erwartungen Ihrer Leser – vom Buchtitel über den Klappentext bis zum ersten Absatz, bis zum Ende der Geschichte. Schreiben Sie so gut und interessant, wie es Ihnen möglich ist.

Es ist nicht allzu viel, was Sie dazu wissen müssen. Bauen Sie Spannung in ihrem Text auf. Bringen Sie sie auf den Höhepunkt und Lösen Sie sie am Ende wieder auf. Über den Schluss gibt es unterschiedliche Auffassungen. Sie können wirklich alle aufgeworfenen Probleme auflösen. Das ist salopp gesagt, das »Friede-Freude-Eierkuchen-Ende« in vielen Liebesromanen. Sie können aber auch ein offenes Ende anstreben, in dem Sie den Leser darüber nachdenken lassen, was sich in der Zukunft wie entwickeln kann. Geben Sie dem Leser innerhalb des Textes ein paar Hinweise oder lassen Sie es offen. Vielleicht deuten Sie an, dass in der nächsten Folge, dem nächsten Buch einiges aufgeklärt wird. Neben dem persönlichen Geschmack, was das Ende angeht, gibt es dabei auch noch den »Zeitgeschmack«. Der wechselt hier alle 10 bis 15 Jahre, je nach dem wie die Buchrezensionen ausfallen.

Egal was Sie mit dem Ende machen: In jeder Szene müssen Sie die Fragen beantworten: **Wer** hat das Problem verursacht? **Wann** hat er es gemacht? **Wo** hat er es verrichtet? **Wie** hat er es ausgeführt? Und **warum** hat er es angestellt?

Sie haben in einem Roman nicht nur einen Hauptkonflikt, sondern auch noch einige Nebenkonflikte. Es ist ratsam, das Aufwerfen der Konflikte zu mischen und *nicht* eins nach dem anderen abzuarbeiten. So erreichen Sie zwischen dem Anfang und dem Ende einen gut beeinflussbaren Spannungsverlauf. Mit dem mache ich Sie nachfolgend bekannt.

Der Spannungsverlauf

Wie der Spannungsverlauf in einer Geschichte sein sollte, dazu gibt es viele Theorien, die sich aber alle an dem sogenannten *Spannungsbogen* orientieren. Danach sollte in der Mitte, also bei ungefähr der Hälfte der Wörter oder Seiten die Spannung am höchsten sein. Am Anfang ist es wichtig, die Spannung stark ansteigen zu lassen. Das verträgt sich nicht so gut damit, die ganzen Bedingungen, auf der die Geschichte basiert, ausführlich darzustellen. Eine Lösung wäre, immer nur das an Randbedingungen mitzuteilen, was für das momentane Verständnis wichtig ist. Möglicherweise sind aber auch gar nicht alle Umstände notwendig zu wissen, und Sie können hier eine Menge Erklärungen sparen oder zusammenfassen. Haben Sie erst einmal die Geschichte aufgebaut und die Leser neugierig gemacht, sollten Sie das Problem intensivieren, um es bei ungefähr der Hälfte des Textes auf die Spitze zu treiben. Vielleicht gibt es in der Mitte der zweiten Hälfte schon eine teilweise Lösung. Zum Ende hin will der Leser die Geschichte vollends aufgelöst haben. Allerdings so spät wie möglich. Wenn Sie sich ein paar wichtige ungeklärte Fragen für den allerletzten Absatz Ihrer Geschichte lassen, wird Ihnen der Leser folgen und Ihre Geschichte weiterempfehlen.

Von der *12-stufigen Heldenreise*[*] nach Joseph Campbell hatte ich schon gehört und auch von der *universellen Story-Struktur* mit ihren 19 Stufen. Was mir lange fehlte, war ein Schema, das sich speziell für Kurzgeschichten eignete. Die sind ja etwas einfacher gestrickt, als ein Roman, und müssten auch einen einfacheren Aufbau ergeben. Sicher gibt es noch weitere Strukturangebote als diese drei oder vier, wenn Sie den Spannungsbogen noch hinzurechnen. Das Sieben-Punkte-System möchte ich Ihnen nicht vorenthalten. Es kann sein, dass Ihnen das Beispiel-Szenarium bekannt vorkommt:

Aufhänger

Der Held wird ins kalte Wasser geworfen. Es passiert etwas Ungewöhnliches. Ein Problem zeichnet sich ab. Als Erstes sollten Sie aber den Leser damit fesseln.

In rasanter Geschwindigkeit verbreitet sich ein neuartiges Virus aus Asien kommend in Europa und der übrigen Welt. Während Wissenschaftler warnen, beschwichtigt die Wirtschaft.

Erste Wendung

Das Problem tritt hervor, verstärkt sich. Die Welt um den Helden verändert sich.

Immer mehr Menschen infizieren sich und es gibt die ersten Todesfälle. Die Politiker müssen sich zwischen den Anschauungen von Wissenschaft und Wirtschaft entscheiden und suchen einen Kompromiss.

---

[*] Siehe auch das Filmbeispiel: »Auf der Suche nach dem goldenen Kind« mit Eddie Murphy.

Erster Lösungsversuch

Der Held wird gezwungen zu handeln. Er versucht, das Problem halbherzig zu lösen oder dem Ärger zu entkommen.

Die Politiker empfehlen, zu anderen Menschen einen größeren Abstand zu halten. Aber es ändert sich in den Erkrankungszahlen fast nichts. Wissenschaftler erwarten einen enormen Anstieg des Bedarfs von Intensivbetten. Erste Ärzte und Pfleger infizieren sich mit dem Virus, weil Schutzmittel fehlen.

Mittelpunkt

Das Verhalten des Helden ändert sich. Er reagiert nicht nur auf die Situation, sondern geht sie aktiv an.

Die Anzahl der Erkrankungen nehmen immer bedrohlichere Ausmaße an. Die Politiker ziehen die Notbremse, verordnen einen weitgehenden Produktionsstopp und verpflichten die Bürger einen Mindestabstand zu anderen Personen einzuhalten, die nicht im gleichen Haushalt wohnen. Nur die Versorgung der Bevölkerung mit Lebensmitteln, Strom, Gas und Wasser wird aufrechterhalten. Urlaubsreisen und Großveranstaltungen werden verboten. Für Uneinsichtige wird ein Bußgeldkatalog erarbeitet.

Zweiter Lösungsversuch

Die Situation wird immer schlimmer. Der Druck auf ihn wird größer. Die Umstände erscheinen ausweglos.

Kaum gehen die Neuerkrankungen zurück, fordert die Wirtschaft Erleichterungen und die Zurücknahme der Einschränkungen. Immer noch steckt ein Infizierter im Durchschnitt mehr als einen weiteren an. Die Wissenschaft fordert weitere Einschränkungen, um das Gesundheitssystem nicht zu überlasten. Die Wirtschaft hingegen macht immer mehr Druck auf die Politik, Ausnahmen zuzulassen und organisiert als Zeichen guten Willens die Produktion von Schutzmitteln im eigenen Land. Besonders das Beherbergungswesen und die Gastronomie machen Druck. Sie leiden besonders unter den Maßnahmen der Regierung.

Zweite Wendung

Etwas passiert, dass dem Helden eine weitere Chance eröffnet, die Situation zu überstehen.

Die Politiker knicken wider besseren Wissens vor der Wirtschaft ein und erlauben wieder Gastronomie und Beherbergungswesen. Sie fordert im Gegenzug, die Abstandsregelungen strikt einzuhalten. Wissenschaftler warnen vor dieser Entwicklung, weil das Erreichte sehr leicht in das

Gegenteil umschlagen kann. Durch die Forschung zu diesem Virus gibt es inzwischen einige Fortschritte bei einer möglichen Impfung, die aber noch nicht massentauglich und zugelassen sind.

Auflösung

Das Problem wird gelöst. Dabei geht der Held ungewöhnliche Wege.

Eine zweite Welle der Viruserkrankung breitet sich aus. Anders als bei der ersten Welle sind nicht nur Großstädte und bestimmte Gebiete besonders betroffen. Vor allem in touristischen Gemeinden findet das Virus neue Opfer. Die Epidemie wird flächendeckend. Die Fallzahlen schnellen in die Höhe. Das Gesundheitssystem wird überfordert. Auch wenn es schon einige Möglichkeiten gibt, die Infizierten zu behandeln, nehmen die schweren Fälle mit Todesfolge zu. Unter den Opfern sind verhältnismäßig viele Beschäftigte im Gesundheitswesen. Es stellt sich heraus, dass bestimmte Chargen von Atemmasken die Zertifizierung zu Unrecht tragen. Nach dieser Epidemie sind große Teile der Bevölkerung mit dem neuartigen Virus in Kontakt gekommen. Es ist gar nicht mehr möglich, dass ein Infizierter im Durchschnitt mehr als 0,2 Personen anstecken kann. Etwa jeder Zwanzigste ist an der Infektion gestorben. Die Rentenkassen konnten die Beiträge senken. Dafür verbrauchen die Krankenkassen mehr Mittel, weil die Virusinfektion hin und wieder Langzeitleiden als Nachwirkung hat.

Natürlich kann diese Geschichte auch völlig anders ausgehen. Betrachten Sie das als Vorschlag, Ihrem Geschehnis so eine Struktur zu geben. Es kommt auf den Inhalt Ihrer Geschichte an, inwieweit Sie sich an die einzelnen Punkte halten können. Vielleicht vereinfachen Sie dieses Muster ja auch noch oder ergänzen es. Das steht Ihnen frei.

Wissensvorsprung

Um Spannung aufzubauen, brauchen Sie Informationen, die Sie entweder dem Leser versprechen oder die der Leser inzwischen hat, aber nicht die Figuren der Geschichte. Im englischsprachigen Raum wird diese Möglichkeit, Spannung zu erzeugen »*Suspense*« (bange Erwartung, Nervenkitzel) genannt. Diesen *Nervenkitzel* können Sie über einen längeren Zeitraum aufrechterhalten. Beim Wissensvorsprung hat der Leser mehr Informationen, als die Figuren, die von der Information abhängig sind. Ein Beispiel aus der realen Welt ist das *Hitler-Attentat durch Oberst von Stauffenberg.*

In Ihrer Geschichte erfährt der Leser beispielsweise, dass unter dem Beratungstisch eine Bombe von einer bekannten oder auch unbekannten Figur platziert wurde, deren Zündschnur schon brennt. Doch niemand der Anwesenden ahnt etwas davon. Die Lunte wird kürzer und kürzer. Der Leser betet förmlich, dass jemand mal unter den Tisch sehen möge, denn am Tisch sitzt eine Figur, mit der sich der Leser stark identifiziert. Dann sieht es so aus, als ob die Zündschnur erloschen wäre. Der Leser ist erleichtert. Doch in der Folge sprühen wieder Funken. Das Herz des Lesers fängt abermals an zu pochen. Es kann aber auch sein, dass der Leser sich die Explosion herbeisehnt. Wie es weitergeht, hängt davon ab, ob die Figur verletzt werden oder sterben soll, oder ob im allerletzten Moment die Explosion verhindert wird. So etwas passierte in »*Goldfinger*«, als der *Agent 007 James Bond* gerettet wurde, weil die Zündzeitanzeige der Atombombe bei 007 Sekunden durch einen Retter ausgestellt wurde.

Dass in solchen Situationen eine Zündvorrichtung mit einer blinkenden Leuchtdiode ausgestattet ist, ist sehr unwahrscheinlich. Es ist eben ein filmisches Mittel. Wenn Sie nicht gerade ein Drehbuch schreiben, sollten Sie sich eines literarischen Mittels bedienen.

Absturzgefahr (Cliffhanger)

Ihn kennen Sie alle. Die hinterhältigste aller Möglichkeiten für den Leser und den Fernsehzuschauer, Spannung aufzubauen, ist der ›*Klippenhänger*‹ (engl. Cliffhanger). Fast jede Fortsetzungsserie baut darauf: Eine Folge einer Fernsehserie bricht ab, während eine Figur in höchster Gefahr schwebt.

Sehr gut können Sie dieses Stilmittel einsetzen, wenn zwei oder mehr Handlungen parallel und gleichzeitig ablaufen. Sie wechseln praktisch zwischen den Handlungssträngen hin und her und erzählen wichtige Einzelheiten nicht zu Ende. Der Leser erwartet das Weitergehen der einen Handlung, während Sie ihn mit einem anderen Handlungsstrang beschäftigen. Auch dieses Stilmittel lässt sich über einen längeren Zeitraum, sprich etliche Seiten, einsetzen. Wenn Sie dann nach einer gewissen (Lese-)Zeit immer wieder kleinere neue Details preisgeben, die neue Fragen aufwerfen, wird der Leser Ihr Werk nicht so schnell beiseitelegen – und das wollen Sie doch!

Der Rote Hering

Rote Heringe gibt es tatsächlich. Werden Salzheringe geräuchert, nimmt ihre Haut eine rötliche Farbe an. Hier werden also zwei Konservierungsmethoden angewandt, was unter normalen Umständen nutzlos ist. Selbst Engländer, die das erfunden haben sollen, sind von dem Geschmack nicht sonderlich begeistert. Genau so überflüssig ist der Rote Hering (›red hering‹) in der Logik von Geschichten und Romanen. Nun gut: fast. Besonders in Krimis ist er anzutreffen und bezeichnet eine Information, die ins Leere führt, was der Leser aber nicht weiß oder noch nicht wissen soll.

Rote Heringe sind also Irrwege, falsche Fährten, Nebelkerzen. Je logischer so eine ist, umso besser können Sie der wirklichen Fährte folgen, ohne dass es dem Leser sofort auffällt. Wird der Sachverhalt später aufgeklärt, merkt der Leser, dass er hinters Licht geführt wurde, dass diese Fährte nichts mit der Handlung zu tun hatte und wahrscheinlich nur ein zufälliges Ereignis war. Möglicherweise hat er dann die falschen Schlussfolgerungen gezogen, was Sie nur freuen kann, denn Sie haben den Leser gut unterhalten.

Gaffer und unwissentlich Beteiligte

Ein zufälliges Ereignis ist auch der Gaffer (MacGuffy). Doch diesmal hat das Ereignis Auswirkungen auf das Geschehen, ja löst dieses oft erst aus. Der MacGuffy, ist eine völlig unbeteiligte Figur, die nichts von anderen Verwicklungen weiß. Stellen Sie sich folgendes Szenarium vor:

Ein Mann wird erpresserisch aufgefordert, für seine gefangengehaltene Ehefrau ein beträchtliches Lösegeld in einem bestimmten städtischen Papierkorb eines Parks zu hinterlegen. Er hält sich an das Gebot, nicht die Polizei einzuschalten, denn er liebt seine Frau sehr, mit der er drei Kinder hat. Der Mann tut, wie ihm geheißen und hinterlegt das Lösegelgeld an der geforderten Stelle. Womit weder der Erpresser, noch der Erpresste gerechnet haben: Die Stadtreinigung ist an diesem Tage dabei, die Papierkörbe des Parks gegen neue auszutauschen. Natürlich geschieht das genau in dem Zeitraum zwischen dem Deponieren und dem Abholen. Dass beide Seiten nun nach dem bewussten Papierkorb jagen, kann sich jeder vorstellen und noch weitere Zufälle kann es geben – aber damit lasse ich Sie nun allein!

Schreiben Sie doch mal so ein Ereignis auf einer oder mehreren Seiten auf.

Rätselhaftigkeiten

Geheimnisse zu bewahren kann sehr anstrengend sein. Eine beteiligte Figur verplappert sich an ungeeigneter Stelle und nicht alles, was sie sagt und tut, passen immer gut zusammen. Egal, ob es um eine Sache geht, eine Liebesbeziehung nicht herauskommen darf oder dass eine literarische Gestalt vorgibt, jemand anderes zu sein, oder seine eigenen sexuellen Vorlieben nicht an die Öffentlichkeit dürfen. Vorerst darf meist auch der Leser nichts davon wissen! Andererseits muss der ab einem bestimmten Punkt der Handlung eine Ahnung davon bekommen, dass hier etwas nicht stimmt. Wenn er diese Figur auch noch ins Herz geschlossen hat, wird er *für* oder *gegen* die Lüftung des Geheimnisses fiebern. Wird der Spion enttarnt oder kann der Kundschafter seine Erkenntnis der gerechten Sache auf die Sprünge helfen? Wird man ihm glauben, obwohl er schwul ist? Das deutet an, dass eine Figur auch mehrere Geheimnisse in sich tragen kann.

Ein Wink mit dem Zaunpfahl

Wenn sich eine Figur hin und wieder an Orten aufhält, an denen sie unter normalen Umständen nichts zu suchen hat, kann das ein Hinweis darauf sein, dass es im Verborgenen noch andere Interessen und weitere Handlungen gibt. Andeutungen sind wie Indizien in einem Krimi. *Warum verliert ein Mann, der im Smoking in ein Haus gegangen war beim Herausgehen frische Erde von seinen Schuhen?* Das sind oft Hinweise auf Dinge, die vielleicht noch passieren werden. Es ist recht leicht, hier einen Roten Hering zu verstecken. Erinnern Sie sich noch?

Drohendes Unheil

Eng mit dem Wissensvorsprung, der ja auch bedrohlich wirken kann, ist die Gefahr. Gefahren brauchen nicht vorbereitet worden zu sein. Auch eine Straße entlang eines Abgrundes kann eine Gefahr darstellen, wird sie zu schnell befahren. Je rascher, desto gefährlicher! Wenn Figuren dann noch vor Verfolgern fliehen müssen, ist die Spannung perfekt.

Auch durch ein unvorhergesehenes Ereignis kann es spannend werden. Denken Sie an Apollo 13, als die Besatzung in die Landefähre umsteigen musste, weil es in der Fähre noch genügend Sauerstoff gab. Nicht jede Gefahr muss zwangsläufig in einer Katastrophe enden. Manchmal tut es der Leserseele auch ganz gut, wenn nach mehreren Missgeschicken eine Szene einmal glimpflich ausgeht. »Puh«, möchten Sie da sagen und das Licht zum Schlafen ausschalten. Es muss aber immer so viel Spannung bleiben, dass Sie am nächsten Abend wieder zu diesem Buch greifen.

Geister im Spiel

Nicht alles, was im täglichen Leben passiert, kann sofort mit einer materialistischen Deutung erklärt werden. Wenn Sie nicht gerade einen Fantasy-Roman schreiben (wollen), wird Mystisches eher die Ausnahme bleiben, obwohl dies eine Menge Spannung erzeugen kann. Es gibt viele Theatertricks, um beispielsweise einen Geist in einem alten Schloss erscheinen zu lassen. Einige von ihnen können sogar mit Besuchern reden, sind also ohne sperrige Technik präsent. Da wäre der Trick mit der spiegelnden Glasscheibe, die den Geist sogar halbdurchsichtig erscheinen lässt. Wenn Sie sich die Geisterbahnen von Schaustellern einmal ohne Emotionen und rein technisch ansehen, werden Sie weitere Techniken finden. Tricks von Mentalmagiern, nicht auf der Bühne angewendet, lassen die Härchen auf den Armen zusammen mit einer Gänsehaut auferstehen. Wer derart abgelenkt ist, achtet vielleicht nicht auf Dinge, auf die er besser achten sollte. Die Kunst der Ablenkung ist nach wie vor eine der erfolgreichsten. Haben Sie schon einmal eine Zauberschau besucht oder die eines Illusionisten? Da sind oft sogar Kenner der Materie verblüfft. Verwenden Sie mystische Handlungen, brauchen sie am Ende nicht unbedingt erklärt werden. Lassen Sie Ihre Leser doch ruhig mit einem Kribbeln auf der Haut die Nachttischlampe löschen.

Unberechenbarkeiten

Manchmal ist es gar nicht so einfach, zwischen Gut und Böse zu unterscheiden, oder auch nur zwischen Gut und Besser. Mitunter scheinen Dinge und Wege gleichwertig zu sein und wie oft muss zwischen Logik und Gefühl entschieden werden. Wenn Ihre Figur in gewissen Situationen unsicher wird, macht sie das menschlicher. Der Leser fängt an, mit dieser Figur zu fühlen, besonders, wenn sie droht in die falsche Richtung zu gehen. Er muss die Entscheidungen der Figur nicht immer akzeptieren, aber er darf nicht umhinkommen, die Beweggründe zu verstehen. Wenn es Ihre männliche verheiratete Figur durch ein Unglück für längere Zeit auf eine einsame Insel verschlagen hat, ohne dass sie die reale Möglichkeit sehen würde, der Insel wieder zu entkommen, ändern sich die Prioritäten der Figur. Das ist eine typische Robinson-Crusoe-Situation. Durch einen Zufall kommt auch eine Frau auf die Insel, die auch sie nicht verlassen kann. Er gibt ihr Nahrung. Sie möchte sich für die Rettung bedanken und bietet ihm dafür Sex an. Soll er, oder wird er sich dem verweigern? Durchdenken Sie das mal auf einer oder zwei Seiten.

Überraschung

Diese, als »*Surprise*« bekannte Möglichkeit, Spannung zu erzeugen steht im Gegensatz zum Nervenkitzel (*Suspense*). Hier ahnt der Leser nichts. Er wird durch eine ungeahnte Entwicklung überrascht. Sie kann ein Zufall sein, aber auch ein göttlicher Wille, wenn Sie es gern mystisch mögen. Die Methode des Deus ex Machina, des Gottes aus der (Theater-)Maschine, könnte dafür die Lösung sein, eine schier aussichtslose Situation doch noch zu einem guten oder bösen Ende zu bringen. Allerdings sollten Sie dieses letzte Mittel, eine Situation zu retten sehr sparsam einsetzen, weil das Prinzip sich schnell abnutzt und lange Weile aufkommen lässt. Es kann aber auch ein gerufener Freund sein und Sie erklären später, dass sich eine der Figuren insgeheim an einen Helfer gewandt hat, obwohl eine wichtige Figur dagegen war. Es kann aber auch sein, dass gewisse Handlungen ungewollt einen Mechanismus in Gang gebracht haben. So geschehen in »Die Reise zum Mittelpunkt der Erde«, die die Akteure vom Mittelpunkt der Erde wieder auf die Oberfläche bringt. Das hatte nichts mit den Fähigkeiten der Figuren zu tun. Es ist für alle, die Figuren und den Leser (oder Filmzuschauer) eine Überraschung.

Merkwürdigkeiten

Es sind die ungewöhnlichen Dinge, die uns Menschen faszinieren, nicht die alltäglichen. Stellen Sie sich vor, es gelingt einer unserer Figuren, zwei Ehen gleichzeitig zu führen. Dass das ungesetzlich ist, soll uns hier nicht interessieren. Wichtig ist nur, dass die beiden Ehefrauen nichts voneinander wissen dürfen. Der Bigamist muss also höllisch aufpassen, und den beiden Frauen keine Gelegenheiten zum Zweifeln geben. Aber kann das jemand bis zur letzten Konsequenz durchhalten? Was passiert, wenn sich die zwei durch einen dummen Zufall kennenlernen und anfangen, ihre Erlebnisse auszutauschen? Was wäre, wenn sie erkennen müssen, dass sie mit demselben Mann verheiratet sind? Kann der Bigamist die Situation retten? Versucht er es mit Gewalt oder Ausreden? Am Ende sind die beiden Frauen unter Umständen Schwestern, die sich jahrelang nur aus den Augen verloren haben. Was passiert weiter?

Beziehungsknatsch und anderes

Wenn es zwischen zwei oder mehreren Figuren kriselt, kann eine räumliche Trennung die Situation sogar anheizen, solange mindestens eine Figur noch an eine Verbindung glaubt. So eine Situation ist aber gleichzeitig Kontrollverlust, der an der Seele des Zweifelnden nagt, während die andere Figur sich genau dieser berechtigten oder auch unberechtigten Kontrolle entziehen will. Wenn Sie die beiden telefonieren lassen, und es irgendwelche Stimmen oder Geräusche im Hintergrund gibt, ist die Erklärung oft nicht glaubwürdig, obwohl sie in diesem speziellen Falle ausnahmsweise der Wahrheit entspricht. Das muss der Leser fühlen. Sie haben es in der Hand, ob der Leser für oder gegen die weitere Verbindung Stellung nimmt.

Wenn es hart auf hart kommt

Ihre Figuren müssen Dinge tun, vor denen sie sich fürchten. Das kann sehr spannend für den Leser sein. Einmal kann es die Situation sein, dass die Figur weiß, was da auf sie zukommt. Sie können sich vorstellen, dass die Figur versuchen wird, die Konfrontation selbst zu vermeiden. Wenn sie aber zur Einsicht gelangt, dass das nicht möglich ist, wird sie vermutlich diesen Konflikt auf irgendeine Art und Weise abzumildern versuchen oder sie wird sich ein Herz fassen, um nicht am Ende als Verlierer oder Schwächling dazustehen. Das kommt immer auf den Charakter der Figur an und auf die Schwere der Konfrontation.

Es sind aber nicht nur starke Typen, die sich derartigen Prüfungen stellen müssen. Auch dauernd gehänselte Figuren können in Situationen geraten, aus der sie nicht mehr aus noch ein wissen. Sie verhalten sich mangels Übung oft wie ein in die Ecke getriebenes Tier und gehen solange dem Streit aus dem Weg, bis sie buchstäblich mit dem Rücken an der Wand stehen. Für sie bleibt dann nur noch unterzugehen, oder alles auf eine Karte zusetzen. In dieser Situation brennen der eingeengten Figur oft alle Sicherungen durch.

In so eine Situation kann die Figur aber auch ohne Vorwarnung kommen. Einer Figur gelang gerade, eine Flucht aus einer Höhle. Kaum ist sie draußen, steht sie vor einem Gewässer mit zähnefletschenden Reptilien. Nur ein hoher schmaler Pfad führt daran vorbei. Aber Ihre Figur hat Höhenangst. Unter ihr die Krokodile. Wenn Sie jetzt bereits ein Bild vor den Augen haben, nehmen Sie sich Zeit und schildern Sie die Situation auf einer halben Seite oder mehr.

Nicht der Reihenfolge nach

Nicht immer ist ein Vorgang so interessant, dass Sie alles in zeitlicher Reihenfolge erzählen können. Nicht ständig kommt im wahren Leben das Beste zum Schluss. Aber das macht nichts. Unser Gehirn kann sich aus vielen bruchstückhaften Berichten ein vollständiges Ereignis zusammensetzen. Das ist im wahren Leben notwendig und schon seit Urzeiten trainiert. Nicht immer bekommen Sie alle Einzelheiten von einer Person erzählt. Vielmehr setzt sich unser Wissen zu bestimmten Ereignissen aus vielen Einzelinformationen zusammen. Denken Sie an Kriminalbeamte, die einen Tathergang aus vielen Zeugenaussagen, Indizien und Fakten zusammensetzen müssen, um einen Täter zu überführen. Zumeist ist zuerst der Tote am Bach oder die aufgebrochene Wohnung, folglich das Ende einer Straftat, bekannt. Alle weiteren Details erreichen unsortiert die Ermittler und die setzen dann die endgültige Beweislage zusammen. Dieses Mittel können Sie nicht nur bei Krimis einsetzen.

Verschweigen Sie bei Ihrer Schilderung zu einem Vorgang das auslösende Moment. Erzählen Sie zuerst, dass Sie mit dem Fahrrad nach Hause gefahren sind, obwohl Sie mit dem Auto unterwegs waren. Schildern Sie die Umstände, überhaupt an ein Rad zu gelangen. Sparen Sie nicht mit Details, doch noch irgendwie das eigentliche Problem in den Griff zu bekommen. Ihr Leser wird mit Ihnen fiebern und erst aufhören zu lesen, wenn er die Ursache des Ganzen kennt. Erst zum Schluss lösen Sie auf, dass Sie den Ersatzschlüssel holten, weil Sie die Kofferklappe Ihres Pkws zugeklappt haben. Schussligerweise haben Sie den Zündschlüssel in den Kofferraum gelegt, obwohl Sie wussten, dass die beim Schließen derselben immer sofort automatisch verriegelte. Das war der Ausgangspunkt des Ganzen. Hier wird also der Anfang der eigentlichen Geschichte erst zum Schluss erzählt. Schon in dieser Kurzform funktioniert diese Erzählweise. Meinen Sie nicht auch?

Weitere Möglichkeiten

Es gibt noch weitere Möglichkeiten, gezielt Spannung aufzubauen. Hier eine sicher unvollständige Liste in alphabetischer Reihenfolge.

Äußerer Konflikt: Lassen Sie eine Figur mit einer anderen in Konflikt geraten. Archäologe gerät an einen Grabräuber.

Details: Pikante Details können – in der richtigen Situation erwähnt – schnell Spannung erzeugen.

Dialoge: Konflikte und Konfrontationen werden im Leben meistens über die Sprache ausgetauscht. Ein Schlagabtausch bringt Spannung.

Erwartungen: Erzeugen Sie beim Leser Erwartungen. Die lassen sich gut mit Umwegen, Trennung, Überraschung und Faszination kombinieren.

Faszination: Macht, Geld und Wissen sind Dinge, die die Menschen schon faszinieren, seit es sie gibt. Im Safe eines Juweliers vermuten Einbrecher Diamanten.

Fehler: Lassen Sie die Figuren Fehler machen, auch offensichtliche, damit der Leser mitfiebern kann.

Fragen: Werfen Sie neue Fragen auf, bevor Sie die alten beantworten. Lassen Sie Fragen aufkommen, die der Leser gern beantwortet hätte.

Gedanken: Gedanken geben Aufschluss über das Seelenleben der Figuren. Die Spannung ändert sich, je nach dem, in welche Figur der Leser Einblick erhält.

Gut vs. Böse: Lassen Sie lange offen, wer gut und wer böse ist. Damit geben Sie dem Leser Gelegenheit, für beide Parteien mitzufiebern.

Handlungsstränge: Legen Sie verschiedene Handlungsstränge an, die auf ein Ereignis zusteuern.

Herausforderungen: Stellen Sie Ihre Figur vor scheinbar unlösbare Aufgaben. Die Figur muss eine Schlucht ohne Hilfsmittel überwinden. Das ist eine Möglichkeit, Deus ex Machina(Gott aus der Theatermaschine) einzusetzen.

Identifikation: Je mehr sich der Leser mit den Figuren identifiziert, desto mehr wird er Spannung in den entsprechenden Situationen empfinden.

Innerer Konflikt: Lassen Sie Ihre Figur mit sich selbst im Kampf liegen. Wie entscheidet sich die Figur zwischen Geld und Liebe.

Neugier wecken: Auch Orte, Gegenstände und Personen können Neugier und Spannung wecken, wenn der Leser sie noch nicht kennt, aber gern kennenlernen würde, beispielsweise den Garten Eden.

Provokation: Lassen Sie Thesen und Situationen aufkommen, mit denen Ihr Leser nicht einverstanden ist. Die können Sie später immer noch widerlegen. »Ein Krieg bringt die Technik voran und befreit die Menschheit von Barbaren.«

Rätsel: Versorgen Sie den Leser mit kleinen Rätseln, die er versucht, vor der Figur zu beantworten.

Sinneseindrücke: Wenn Sie alle Sinne ansprechen, wird der Leser viel eher in die Handlung hineingezogen.

Theorien: Geben Sie dem Leser Hinweise, die ihn dazu bringen, Theorien aufzustellen, die Sie dann untermauern oder verwerfen können.

Umwege: Lassen Sie eine Frage aufkommen und schweifen Sie dann ab, bevor Sie zu der Antwort zurückkommen.

Widersprüche: Vermitteln Sie dem Leser Widersprüche, an denen er knabbern kann.

Zeigen statt beschreiben

Alles, jedes Geschöpf, jede Handlung, jeder Handlungsort, wird aus Wörtern zusammengesetzt, die uns allen bekannt sind. Das trifft für Fantasiewesen genauso zu, wie für Orte in Filmen, im Fernsehen wie auch in Hörspielen, Podcasts und Büchern. Der Teufel wird je nach Quelle als Mischwesen aus Mensch mit Ziegenhörnern und Ochsenschwanz dargestellt, der meist noch einen Pferdefuß hat. Alles in allem also bekannte Dinge. Ein Drache ist eine feuerspeiende große Echse, ein Pegasus ein Pferd mit Flügeln, ein Zentaur hat einen menschlichen Oberkörper, der Rest ist von einem Pferd und ein Satyr ist schließlich ein Mischwesen aus Ziege und Mensch. Aber das wussten Sie schon alles.

Tag für Tag erreichen uns Tausende von Informationen. Noch vor dem Kurz-zeitgedächtnis sortiert unser Gehirn die Eindrücke nach momentan wichtig und unwichtig. Vielleicht haben Sie das auch schon erlebt: Sie gehen zusammen mit Ihrem Partner durch die Stadt. Wenn Sie im Anschluss berichten, was Sie gesehen haben, so muss das nicht zwangsläufig dasselbe gewesen sein. Während Sie im Vorbeigehen die große Vase mit den riesengroßen künstlichen Rosen in dem Möbelgeschäft bewunderten, hat Ihr Partner das neuste Modell einer bekannten Automarke entdeckt. Genauso, wie Sie das Auto nicht ge-sehen, genauer *registriert*, haben, kann sich Ihre bessere Hälfte an die Vase nicht erinnern. Jeder sieht, was er sehen will und das ist von Mensch zu Mensch unterschiedlich. Es hängt von der Interessenlage ab und auch von der Stimmung und dem Vorwissen der verschiedenen Leute. So sollte sich das auch in den von Ihnen geschaffenen Figuren widerspiegeln.

Um gute Geschichten und Figuren erschaffen zu können, ist es vorteilhaft, offen für jede Art von Eindrücken zu sein und dies zu trainieren. Beobachten Sie Menschen und Tiere, Landschaften und Städte sowie Geräusche und Ge-rüche, wann immer Sie Gelegenheit dazu haben und schreiben Sie Ihre Be-obachtungen auf. So sammeln Sie Material für Ihre Geschichten und trainieren Ihre Aufmerksamkeit.

Folgen Sie mir nun in eine Bäckerei, einer ganz alten.

Die fünf Sinne

In der realen Welt nehmen wie ganz natürlich unsere Umwelt mit all unseren fünf Sinnen wahr. Davon bleiben bei Film, Fernsehen und DVDs ganze zwei, nämlich das Sehen und das Hören übrig. Alle anderen Informationen erreichen

Sie nicht und müssen mit Gesten in diese beiden übersetzt werden. Beispielsweise die typische Mimik für Ekel, wenn der Geruch unangenehm ist.

Zum Glück haben wir unser Erinnerungsvermögen, in denen alles abgespeichert ist, was wir je erlebt haben. Das ist uns nicht immer bewusst, aber wenn wir durch gewisse Umstände daran erinnert werden, rufen wir diese gespeicherten Informationen ab. Wir können uns genau an den Geruch von Omas Treppenflur erinnern, wenn uns dieser Ort oder zumindest ein Ähnlicher beschrieben wird. Denken Sie doch mal intensiv an eine Zitrone, die Sie aufschneiden. Läuft bei Ihnen auch schon der Speichel im Mund zusammen und es fängt an, sauer zu schmecken?

Das können Sie sich zunutzemachen um durch eine Beschreibung des Geruchs, des Geschmacks oder des Anfühlens einer Oberfläche das Leseerlebnis Ihrer Geschichte zu vertiefen.

Sehen

Der Hauptsinn der überwiegenden Zahl der Menschen ist das Sehen. Dementsprechend bezieht sich das meiste des Geschriebenen auch darauf. Stellen Sie sich eine alte Bäckerei vor, so eine, wie ich sie als Kind in meiner Nachbarschaft hatte. Viel wurde da noch mit der Hand geknetet, gerührt, bestückt und der Backofen wurde noch mit Kohle beheizt. Beim ersten Hineinsehen von außen durch das Fenster erkannten mein Schulfreund und ich, dass die Brote in der Backstube gebacken wurden. Im dazugehörigen Bäckerladen arbeitete die blonde Verkäuferin, seine Mutter, die sich die Brote aus der Backstube hinter dem Laden holte.

Diese Darstellung ist sehr einfach, ja oberflächlich und behauptet nur irgendeinen Vorgang. Nun sehen Sie mal genauer hin:

Bäcker nehmen Teig aus dem Mischtrog, kneten ihn auf mehlbestreuten Tischen und legen ihn in Gärkörbe. Nach dem Aufgehen werden sie auf ein großes Blech gestürzt und zum Backen in den Ofen geschoben, den sie nach zwei Stunden braungebacken wieder verlassen. Die Verkäuferin holt sie und legt sie ins Brotregal.

Sie können sich jetzt ungefähr vorstellen, was dort in der Backstube passiert. Noch ist es nur eine Beschreibung der Vorgänge. Haben Sie es gemerkt? In der Schilderung verwendete ich die Gegenwart, um zu zeigen, dass das alles ohne Mogelei geschah. Siehe auch bei der Erzählzeitform auf Seite 37.

Hören

In Texten wird meist nur das Gespräch dargestellt. Darüber hinaus oft nur laute Geräusche. Nur in wenigen Fällen werden die Geräusche beschrieben, die uns weitere, wichtige, Informationen liefern. Verfolgen Sie nun, was in der Backstube zusätzlich zu den Tätigkeiten alles zu hören ist. Dass es hier etwas übertrieben dargestellt ist, liegt daran, dass es ein erster Entwurf ist. Hier muss noch nicht alles in bester Ausführung sein. Zum Bearbeiten werde ich mich später äußern. Binden wir das Hören in unseren Text ein.

Die Bäcker nehmen sich aus dem großen Mischtrog einige Mengen des aufgegangenen Teiges und werfen sie auf den bemehlten Tisch. Jedes Mal entsteht dabei ein kurzes, dumpfes Geräusch. Nach und nach kneten sie die Brotmengen zu ovalen Bällen und legen sie in die vorbereiteten Gärkörbe. Beim Kneten platzt hin und wieder eine Blase. Das hört sich wie »Pit« an, dass manchmal von einem kurzen Zischen gefolgt wird, wenn es sich um eine größere Kohlendioxid-Ansammlung handelt. Manchmal ist sogar ein langer, leiser Pfeifton zu hören, den die Bäcker Brotgeist nennen.

Einer der Bäcker zieht das mehr als einen Meter breite Blech rumpelnd aus dem Backofen. Ein anderer buttert das heiße Blech »wum-wum-wum« mit einem breiten Quast ein, so wie ein Maler die Tapeten einkleistert. Die Körbe mit dem aufgegangenen Teig werden aufs Blech gestürzt. Die leeren Körbe werden »klack-klack-klack« aufeinandergestapelt.

Es rumpelt wieder, als das bestückte Backblech zurück in den Ofen geschoben wird. Dann quietscht es, als die Ofenklappe geschlossen und verriegelt wird. Der Bäckermeister schaut auf die Uhr. Mit einem Klack springt der Minutenzeiger auf den nächsten Minutenstrich. Ein Motor beginnt im Innern des Backofens an zu rotieren und verteilt surrend die heiße Luft und Wasserdampf. In zwei Stunden werden die Brote ausgebacken sein.

Wieder wird ein Blech aus dem Ofen gezogen. Braune, fertiggebackene Brote liegen darauf. Aber es ist ganz deutlich ein anderes Rumpeln, denn die fertigen Brote springen dabei hin und her. Sie werden mit Wasser besprüht. Dabei zischt es und eine Dampfwolke steigt zur Decke. Mit einem Handschuh nimmt ein Bäcker ein Brot vom Blech und klopft von der Unterseite dagegen. Es hört sich hohl und dumpf an.

»Es ist gar«, meint er und räumt die Brote zum Abkühlen auf ein Rost. Der Bäckermeister betätigt einen Klingelknopf. Kurz darauf erscheint die Verkäuferin in der Backstube und nimmt eine Kiste voller Brote mit, die sie dann gleich mit einem schabenden klackenden Geräusch in ihre Regale sortiert.

Durch das Hinzufügen der Geräusche und deren Ursache wird der Ablauf in der Bäckerei anschaulicher und wir können uns gut in ihn hineinversetzen.

Um Ihre Ohren ein wenig zu »schärfen«, können Sie Folgendes üben:

Schließen Sie die Augen und versuchen Sie Dinge im Park oder im Supermarkt an ihren Geräuschen zu erkennen. Oder: Wie hört es sich im fremden stillen dunklen Zimmer an? Was macht Ihnen Angst? Absolute Stille? Leise Geräusche, die Sie nicht orten können? Oder: Wie hört es sich mitten im Wald an? Notieren Sie sich alles.

Riechen

Der Geruchssinn ist etwas Alltägliches. Das Riechen finden Sie in Texten meist nur in Alarmsituationen. Beispielsweise: »*Es roch nach Rauch*«, schreiben Sie, wenn angedeutet werden soll, dass in der Nähe ein Feuer ist. Oder: »*Der Kommissar hielt sich sein Taschentuch vor die Nase.*« Das legt nahe, dass es eine nicht mehr ganz frische Leiche gab. So können Sie beispielshalber eine Wendung in der Geschichte vorbereiten. Gerüche können Sie als sogenannte Flaschenpost einsetzen. Ereignisse und Stimmungen lassen sich so unterschwellig einfädeln, Figuren ankündigen, die Sie an dieser Stelle noch nicht erwähnt haben: Vaters Rasierwasser, Staub in der Bibliothek, Omas Topfkuchen, Mutters Seife, der Flur bei den Großeltern und der Fang des Fischers am Strand. Wenn Sie eine Weile die Augen zumachen und tief Durchatmen, was riechen Sie dann?

Und was können Sie in einer Backstube riechen?

Ein leichter Mehlstaub liegt in der Luft. Unter einem großen Kochtopf rauscht die blaue Gasflamme. Die Bäcker haben den Pudding für einige Kuchensorten angesetzt, die gerade jetzt sahnig-süß zu riechen begann. Sie nehmen sich aus dem großen Mischtrog einige Mengen des aufgegangenen Brotteiges und werfen sie auf den bemehlten Knettisch. Über dem Tisch riecht es säuerlich und nach feuchtem Mehl. Jedes Mal, wenn ein Klumpen Teig auf dem Tisch landet, entsteht dabei ein kurzes, dumpfes Geräusch.

...

Mit einem Handschuh nimmt ein Bäcker ein Brot vom Blech und klopft von der Unterseite dagegen. Es hört sich hohl und dumpf an. Die gesamte Backstube füllt sich mit dem würzigen Geruch von frisch gebackenem Brot.

»Es ist gar«, meint er und räumt die Brote zum Abkühlen auf ein Rost.

Um den Umgang mit Gerüchen zu üben, schreiben Sie eine kleine Szene über einen Geruch und was für Gedanken, Gefühle oder Erinnerungen er in Ihnen wachgerufen hat. Nicht umsonst ist der Geruchssinn bei Tieren der ausgeprägteste. So können sie Freund und Feind auseinanderhalten.

Schmecken

Mit dem Schmecken ist das so eine Sache. So richtig trennen können Sie nämlich das Schmecken nicht vom Riechen. Wer nicht riechen kann, kann auch immer schlecht schmecken. Andererseits ist der Geschmackssinn der Zunge ein Doppelsinn, weil Sie mit ihr auch noch fühlen können. Sie können nämlich auch noch die Form und die Oberflächenstruktur ertasten; eine Oberfläche oft noch besser als mit den Fingerspitzen. Dass Babys deshalb alles in den Mund stecken, ist eine sehr verbreitete Meinung. Mit der Zunge können Sie rund, eckig, rau, glatt, breiig, gekörnt und fest unterscheiden. Vielleicht auch noch mehr. Probieren Sie es aus!

Weiterhin ist die Zunge ein erster chemischer Indikator für chemische Stoffe. In Detektivgeschichten liest man oft davon, dass Rauschgift mit der Zunge erkannt werden kann. Außerdem fühlen wir mit ihr den Durst: Nach ein paar Stunden ohne Wasser klebt Ihnen die Zunge am Gaumen und nach einem Tag empfinden Sie sie als geschwollen. Struktur- und geschmacklich können Sie Birnen, Äpfel, Pudding, Fleisch, Fisch, Wein, Milch, Bier und Chili unterscheiden. Doch halt! Ist das mit dem Chili wirklich wahr? Schärfe gehört nämlich nicht zu den Geschmacksrichtungen süß, sauer, salzig, bitter und umami. Die Schärfe einer Speise ist in Wirklichkeit Schmerz! Alles, was scharf ist, schmerzt mehr oder weniger. Für Sie beim Schreiben ist das aber nicht weiter von Bedeutung. Sie dürfen die Schärfe einer Speise großzügig zum Geschmack hinzuzählen. In besonderen Fällen sollten Sie sich aber daran erinnern.

Und wie verändert sich unser Text, wenn wir auch noch das Schmecken berücksichtigen?

Die Bäcker haben den Pudding für einige Kuchensorten angesetzt, die gerade jetzt sahnig-süß zu riechen begann. **Einer unter ihnen nahm einen Umweg zum Knettisch und nahm mit seinem kleinen Finger eine Probe aus dem Topf. Noch bevor er den Finger in den Mund steckte, lief ihm das Wasser im Munde zusammen. Bei Süßem konnte er sich nicht beherrschen.**

...

Es hört sich hohl und dumpf an. **Von einem Brot bricht er ein kleines Stück ab und steckt es in den Mund. Er ist zufrieden. Mhm, genau so deftig muss das Brot schmecken.** *Die gesamte Backstube füllt sich mit dem angenehmen Geruch von frisch gebackenem Brot.*

...

Wenn Sie ein wenig üben wollen, den Geschmack oder die Fertigkeiten der Zunge zu verwenden, können Sie einmal Ihrem Partner einen interessanten Geschmack beschreiben, den er nicht kennt. Oder Sie beschreiben eine Situation, in der die Zunge die Hauptrolle spielt, ohne dass sie schmecken muss. Natürlich können Sie das auch ganz für sich allein machen, und es auf einer halben bis einer Seite aufschreiben.

Fühlen

Dass Ihre Haut Ihr größtes Sinnesorgan ist, wussten Sie sicher schon. An die zwei Quadratmeter soll sie groß sein. Sie reagiert auf Berührung und Temperatur und sie versorgt Ihren Körper zum Teil auch noch mit Sauerstoff, schwitzt, wenn die Körpertemperatur zu hoch wird, und sie kann Wasser und andere Stoffe, beispielsweise Medikamente, aufnehmen und in den Blutkreislauf bringen (Nikotinpflaster). Sie ist also weit mehr als nur ein »Einwickelpapier« für unseren Körper.

Die Sensoren sind auf der Haut in sehr unterschiedlicher Dichte angeordnet. Am weitesten voneinander entfernt sind sie auf dem Rücken, am dichtesten an den Fingerspitzen, den Lippen und der Zunge. Das macht sich die Brailleschrift, die Blindenschrift zunutze.

Bei einer Berührung unterscheiden Sie streicheln, drücken, kratzen, stechen und so weiter. Das nutzen Taschendiebe aus, indem sie ihre Opfer an der einen Stelle anrempeln und mit der anderen Hand Ihnen die Brieftasche geschickt aus der Jacke ziehen oder sogar die teure Armbanduhr stehlen, oder Ihr geliebt-gehasstes i-Phone.

Sie fühlen mit Ihrer Haut einen strahlend heißen Ofen, Fieber und ein kühles Bier. Sie können bei Berührung anhand der Wärmeleitfähigkeit Metall von Holz unterscheiden. Metall entzieht dem Körper weit mehr Wärmeenergie, als Holz oder gar Dämmstoffe.

Aber die Haut ist auch ein aktiver Indikator für Ihr Seelenleben und reagiert mit Erröten bei Wut, Scham, Glück, Anstrengung und Fieber. Sie bekommen eine Gänsehaut bei Kälte, einem guten Buch, wenn ein schönes Lied gespielt wird, beim Erschaudern vor einem ekelhaften Anblick oder wenn die geliebte Person Sie zart streichelt.

Viele Wörter unserer Sprache fußen auf die Fähigkeiten der Haut. Denken Sie an *begreifen, erfassen* und *anfassen*. Auch das Fühlen kann für die Zwecke des Schreibens in einen Text einfließen, wie das erweiterte Beispiel zeigt:

*Einer der Bäcker zieht das mehr als eineinhalb Meter breite und noch viel längere Blech rumpelnd aus dem Backofen. **Hitze schlägt ihm entgegen.** Ein anderer buttert das heiße Blech »wum-wum-wum« mit einem breiten*

*Quast ein, wie ein Maler die Tapeten. Es zischt und eine Dampfwolke verteilt den Brotgeruch in der Backstube. **Sofort fühlt sich die Luft feuchter an.** Mit einem Handschuh nimmt ein Bäcker ein Brot vom Blech und klopft von der Unterseite dagegen. ...*
*»Es ist gar«, meint er und räumt die Brote zum Abkühlen auf ein Rost. **Durch die Handschuhe spürt er die Hitze der Brote.** Der Bäckermeister betätigt einen Klingelknopf.*

Unser Text über das Brotbacken hat gegenüber der ersten Fassung beträchtlich zugelegt. Jeder weiß nun, wie es in der Backstube meiner Kindheit zugegangen ist. Zum Vergleich noch einmal unser Ursprungstext:

Bäcker nehmen Teig aus dem Mischtrog, kneten ihn auf mehlbestreuten Tischen und legen ihn in Gärkörbe. Nach dem Aufgehen werden sie auf ein großes Blech gestürzt und zum Backen in den Ofen geschoben, den sie nach zwei Stunden braungebacken wieder verlassen. Die Verkäuferin holt sie und legt sie ins Brotregal.

Was für ein gewaltiger Unterschied!

Zum Schluss: kürzen und überarbeiten

So ganz zufriedenstellend ist unser Text über die Backstube noch nicht! Einige Aussagen wirken übertrieben und es ist an manchen Stellen zu langatmig. Die Verkäuferin hat keine richtige Funktion mehr. Außerdem weiß jeder, dass die Brote auch verkauft werden müssen.

Da Sie vermutlich eine andere Sicht auf die beschriebenen Vorgänge haben, sollten Sie sich diesen letzten Text vornehmen, und Ihre eigene Version davon erstellen. Ist Ihnen ein Detail nicht ausführlich genug? Würden Sie ganze Passagen streichen? Ergänzen Sie und schreiben Sie nach Herzenslust um, so wie es Ihnen richtig erscheint! Dass es am fremden Text lange nicht so weh tut, wie am eigenen, wo Sie womöglich eine Passage haben, in die Sie sich verliebt oder viel Arbeit hineingesteckt haben kann ich Ihnen verraten. Sie ahnen zwar, dass Ihre Passage nicht so gut passt, aber Sie haben sich damit so viel Mühe gegeben und finden sie genial! Gewöhnen Sie sich beizeiten daran, Unpassendes zu entsorgen. Ihre Leser werden es Ihnen danken.

Meine vorläufige Endfassung sieht so aus:

Ein leichter Mehlstaub liegt in der Luft. Unter einem großen Kochtopf rauscht die hellblaue Gasflamme. Die Bäcker haben den Pudding für einige Kuchensorten angesetzt, die gerade jetzt sahnig-süß zu riechen beginnt. Einer unter ihnen nahm einen Umweg zum Knettisch und nahm mit seinem kleinen Finger eine Probe aus dem Topf. Noch bevor er den Finger in den Mund steckte, lief ihm das Wasser im Munde zusammen. ~~Bei Süßem konnte er sich nicht beherrschen.~~

Die Bäcker nehmen sich aus dem großen Mischtrog mit einem großen Spachtel einige Mengen des aufgegangenen, weichen Mischbrotteiges und werfen sie auf den bemehlten Knettisch. Der Teig riecht säuerlich ~~und nach feuchtem Mehl~~. Jedes Mal, wenn ein Klumpen Teig auf dem Tisch landet, entsteht dabei ein kurzes, dumpfes Geräusch. Nach und nach kneten sie die Brotmengen zu ovalen Bällen und legen sie in die vorbereiteten Gärkörbe. Beim Kneten zerplatzt hin und wieder eine Blase, das sich wie »Pit« anhört, manchmal noch von einem kurzen Zischen gefolgt. Manchmal ist sogar ein langer, leiser Pfeifton zu hören. ~~Die Bäcker bezeichnen das als Brotgeist.~~

Einer der Bäcker zieht das mehr als eineinhalb Meter breite und noch viel längere Blech rumpelnd aus dem Backofen. Hitze schlägt ihm entgegen. Ein andrer buttert das heiße Blech »wum-wum-wum« mit einem breiten Quast ein, wie ein Maler die Tapeten. Die Körbe mit dem aufgegangenen Teig werden aufs Blech gestürzt und die leeren Körbe ~~»klack-klack-klack«~~ aufeinandergestapelt.

Es rumpelt wieder, als das bestückte Backblech zurück in den Ofen geschoben wird. Dann quietscht es, als die Ofenklappe geschlossen und verriegelt wird. Der Bäckermeister schaut auf die Uhr. Mit einem »Klack« springt der Minutenzeiger auf den nächsten Minutenstrich. Ein Motor springt im Innern des Backofens an und verteilt surrend die heiße Luft und den Wasserdampf. In zwei Stunden werden die Brote ausgebacken sein.

Wieder wird ein Blech aus dem Ofen gezogen. Braune, fertiggebackene Brote liegen darauf. ~~Aber es ist ganz deutlich ein anderes Rumpeln, denn die fertigen Brote springen dabei hin und her.~~ Sie werden mit Wasser besprüht. Es zischt und eine Dampfwolke verteilt den Brotgeruch in der Backstube. Sofort fühlt sich die Luft feuchter an. Mit einem Handschuh nimmt ein Bäcker ein Brot vom Blech und klopft von der Unterseite dagegen. Es hört sich hohl und dumpf an. Von einem Brot bricht er ein kleines Stück ab und steckt es in den Mund. Die Kruste ist kross und das Innere so weich, dass es auf der Zunge zergeht. Er ist zufrieden. Mhm, genau so deftig muss das Brot schmecken. ~~Die gesamte Backstube füllt sich mit dem angenehmen Geruch von frisch gebackenem Brot.~~

»Es ist gar«, meint er und räumt die Brote zum Abkühlen auf ein Rost. ~~Der Bäckermeister betätigt einen Klingelknopf. Kurz darauf erscheint die Ver-~~

60

~~käuferin in der Backstube und nimmt eine Kiste voller Brote mit, die sie dann gleich mit einem schabenden klackenden Geräusch in ihre Regale sortiert.~~

Der besseren Übersicht wegen habe ich die entfernten Stellen nur durchgestrichen und weitere Änderungen vermieden. Insofern stellt dieser Text nur ein Zwischenergebnis dar, an dem weitere Veränderungen notwendig sind.

Sprachbilder

An dieser Stelle lauern versteckte Fallgruben auf mich, die ich mit List und Wissen umgehen muss. Hier darf ich nämlich nicht Wein predigen und Wasser trinken. Sie kennen das anders herum? – Kann schon sein, womit ich beim Thema wäre. Wir wollen hier das Besondere, den Wein, finden und nicht das alltägliche Wasser. Wählen Sie konkrete Begriffe für Ihre Geschichte.

Bei dem Begriff *Zehnender* höre ich in Gedanken den Hirsch röhren, bei dem Wort *Rotwild* nicht. Oder stellen Sie sich einmal einen Blumenstrauß vor. Ich weiß, das fällt Ihnen viel schwerer als sich einen Rosenstrauß oder einen Strauß weißer Chrysanthemen vorzustellen.

Lebendige Geschichten beginnen mit der Wahl der richtigen Hauptwörter (Substantive) und Tätigkeitswörter (Verben, Zeitwörter). Seien Sie so konkret wie möglich. Wörter, die Sie jeden Tag hören, nutzen sich wie alles ab, was täglich benutzt wird, wie täglicher Gebrauch dem Messer die Schärfe nimmt. Verwenden Sie Wörter, die konkret sind und die nicht irgendwie nach Oberbegriff klingen. Solche Wörter beflügeln die Vorstellungskraft Ihrer Leser.

Wenn Ihre dicke Figur die Straße entlanghetzt oder rennt, während die Verfolger gemütlich hinterherspazieren können, haben Sie ein konkretes Bild vor Augen, als wenn Sie beide nur gehen lassen. Sogar die Körperfülle und -verfassung des Fliehenden lässt sich daraus ableiten. Lassen Sie Ihre Helden schnuppern und wittern, statt riechen oder statt arbeiten, werkeln, malochen und roboten. Dazu müssen Sie sich selbst gut vorstellen können, was Ihr Held da gerade zustande bringt, um den richtigen Begriff zu finden. Durchforsten Sie den Thesaurus Ihres Schreibprogramms und denken Sie »um die Ecke«!

Um etwas anschaulich zu machen, bieten sich Vergleiche, aber auch Metaphern und Redewendungen an. Weiter oben hatte ich schon einen Vergleich benutzt, um Ihnen das Abnutzen von Wörtern zu veranschaulichen: »...*wie täglicher Gebrauch dem Messer die Schärfe nimmt.«* Versuchen Sie immer, treffende und originelle Vergleiche zu verwenden. Die erzählt Ihr Leser weiter!

Nun könnten Sie auf die Idee kommen und so viele der vergleichenden Sprachbilder zu verwenden wie möglich, um Ihre Texte bildhaft zu gestalten. Was passiert wohl, wenn ein Koch sämtliche Gewürze die er hat, an den Braten gibt? – Genau! Allzu viel ist ungesund – und habe da gleich noch eine weitere Schublade geöffnet, aus der Sie eine treffende bildliche Beschreibung zusammenbasteln können. Die Sprichwörter. Aber auch hier steht ein Achtungszeichen! Manche Sprichwörter und geflügelten Worte sind so arg überstrapaziert worden, dass sie ihre Wirkung verfehlen und nur ein Augenrollen hervorrufen. Wenn Sie die Aussage so eines Sprichworts umkehren, so wie zu Beginn dieses Punktes, könnten sie allerdings noch einmal interessant werden und einen anderen Sachverhalt deutlich machen.

Verwenden Sie je Absatz höchstens ein Sprachbild. Beachten Sie die Zielgruppe und den Anlass Ihres Textes. Verwirren Sie Ihre Leser mit Ihren Sprachbildern nicht!

Nehmen Sie sich ein Blatt Papier und schreiben Sie sich zu folgenden Oberbegriffen konkrete Entsprechungen auf:

Mensch, Bild, Auto, Gebäude, Buch, Maschine, Schwimmkörper
klein, dumpf, besonders, schlecht, schön, ruhig, einfach
laufen, fahren, schieben, schreiben, singen, reden

Drei Beispiele zuvor:

gehen → stolzieren, laufen, humpeln, spazieren, eilen, flitzen
genau → pingelig, akkurat, konkret, ordentlich, zielsicher, eigen
Pferd → Gaul, Schimmel, Fuchs, Hengst, Ross, Hafermotor

Suchen Sie sich zu jedem Substantiv, Adjektiv und Verb konkretere Begriffe und notieren Sie sich diese. So haben Sie am Ende ein ganz spezielles Synonymwörterbuch einen eigenen Thesaurus.

Die Redewiedergabe

Verständigen wir uns mit anderen Menschen, passiert das allermeist durch Sprechen. Die bekannteste Methode, eine Rede in einem Text wiederzugeben ist wohl, das gesprochene Wort in Anführungszeichen zu setzen. Bei ihnen haben Sie neben den vier folgenden, weitere Möglichkeiten, und sind letztlich eine Frage des Geschmacks:

Die normalen deutschen Anführungszeichen:

„Ich muss Sabine unbedingt heiraten", sagte Peter zu seiner Mutter.

Die englischen Anführungszeichen:
Er kniete vor ihr nieder und sagte: "Sabine, willst Du mich heiraten?"

Die typografischen Anführungszeichen in ›Buchdruck umgekehrt‹:
»Ich muss Sabine unbedingt heiraten«, öffnete Peter seiner Mutter gegenüber sein Herz.

Die typografischen Buchdruck-Anführungszeichen:
«Mutter!», stürmte Peter in die Küche. «Ich muss Sabine unbedingt heiraten.»

Gleichzeitig waren das Beispiele für die direkte Rede oder die berichtende Rede. Wenn es eine *direkte* Rede gibt, wird es auch eine *indirekte* Rede geben:
Peter erklärte seiner Mutter, dass er Sabine unbedingt heiraten wolle.

Es gibt noch mehr Möglichkeiten, eine Unterhaltung zu beschreiben, indem Sie von der Rede berichten. Sie bemerken hier sicher, dass der konkrete Informationsgehalt immer geringer wird:
Peter sprach lange mit seiner Mutter und teilte ihr seinen Entschluss mit, Sabine zu heiraten.

Der Ich-Erzähler könnte in verschiedenen Formen der Bewusstseinswiedergabe in Ihrem Text beispielsweise einen Gedankenbericht formulieren:
Ich dachte darüber nach, wie ich Sabine dazu bringen könnte, mich zu heiraten.

Auch was wir denken, formulieren wir oft in Wörtern. Das ist die indirekte stumme Rede:
Peter glaubte, er müsse Sabine heiraten.

Wenn es einen konkreten Anlass gibt, kommt es schon einmal vor, dass ein schneller Entschluss gefasst wird. Das ist die erlebte Rede:
Nachdem die Rede auf Sabine gekommen war, vertraute Peter sich seiner Mutter an, er müsse sie unbedingt heiraten.

Manchmal ertappen wir uns dabei, Selbstgespräche zu führen. Es gibt psychische Syndrome, wo dieses Phänomen verstärkt auftritt. Als Schreiber oder Schriftsteller sind uns solche Abgründe nicht absolut fremd, auch wenn wir uns in unsere Figuren hineindenken, fallen wir als Autoren nicht gleich vollständig hinterher:

Peter sprach mit sich selbst: »Sabine, ich will dich wirklich heiraten, glaube mir!«

In Gedanken jemanden anderen anzusprechen ist nicht die einzige Möglichkeit, sich seiner Lage bewusst zu werden. Was dabei herauskommt, könnte ein innerer Monolog sein:

Wenn ich sie in diesem Urlaub nicht überzeugen kann, ihm den Laufpass zu geben, weiß ich nicht mehr, was ich tun soll. Im November kommt ihr bisheriger Freund, der Schläger, aus dem Knast und bedroht sie wieder. Ich weiß nicht, warum sie immer noch zu ihm hält.

Als Ich-Erzähler können Sie sich beim Denken zuschauen lassen und nicht nur das Ergebnis der Überlegungen in einem Bewusstseinsstrom präsentieren:

Sabine, wovor hast du Angst, sag endlich ja, verdammt, besser kriegst du es nicht. Was willst du mehr, als meine ehrliche Liebe?

Ein paar Grundsätze für die Absatzgestaltung möchte ich Ihnen noch auf den Weg geben, damit sich Ihr Dialog auch gut ließt:
Wechselt die sprechende Figur, sollten Sie eine neue Zeile beginnen.

»Ich muss Sabine unbedingt heiraten«, öffnete Peter seiner Mutter das Herz.
»Hast Du Dir das auch gut überlegt? Sie wird nur wenig Mitgift in die Ehe bringen!«, war sie außer sich.

Unterbricht sich eine Figur selbst beim Reden durch eine gleichzeitige oder unterbrechende Handlung, so geht der Absatz einschließlich der fortgesetzten Rede weiter.

»Ich muss Sabine unbedingt heiraten«, öffnete Peter seiner Mutter das Herz.
»Hast Du Dir das auch gut überlegt? Sie wird keine Mitgift in die Ehe bringen!« Sie setze ihre vorwurfsvollste Mine auf, die sie hatte und wandte sich enttäuscht von Peter ab. »Nein! Und nochmals Nein!«, befahl sie.
Peter schwieg betroffen. Er hatte sich das Gespräch anders vorgestellt.

Manchmal kann es vorkommen, dass Sie Überlegungen und Gedanken während eines Dialogs darstellen möchten. Die Frage ist dann oft: Wie kennzeichne ich diese Textteile? Die beste Lösung wäre es, dies über die Wortwahl und den Zusammenhang zu vollziehen. Vielleicht hilft auch die Möglichkeitsform, der Konjunktiv, wenn es sich um etwas Visionäres oder Unbestimmtes handelt.

Während einer Wartezeit oder während der Fahrt beispielsweise mit der Bahn können sich bei den Figuren Überlegungen zu den verschiedensten Themen einstellen, die eine Angelegenheit behandeln, wie in einem längeren Bewusstseinsstrom. Da können auch Rede und Gegenrede für ein bevorstehendes Gespräch durchgespielt werden. Wir alle wissen, dass es meistens dann ganz anders kommt. Es ist aber eine gute Möglichkeit, das Innere der Figur, seine Gedanken und Wünsche dem Leser nahezubringen.

Das Erzähltempo

Sicher haben Sie schon einmal davon gehört, dass Form und Funktion eine Einheit bilden sollten. Die Art zu schreiben wird sich dem Thema und der konkreten Situation in der Handlung unterordnen. Reiseberichte und Landschaftsbeschreibungen sind da meist von längeren Sätzen geprägt. Sie strahlen oft Ruhe, Schönheit und Gelassenheit aus.

Geht es aber um eine Szene, die hektisch ist, wo jemand schnell wegläuft, sind die Sätze kurz und je nach Unruhefaktor sogar sehr kurz, bestehen teilweise nur aus einem Wort.

Ein vollständiger Satz besteht mindestens aus Satzgegenstand (Subjekt) und Satzaussage (Prädikat) oder anders gesagt aus einer Person (oder einem Ding) und dem was er/sie/es tut/macht.

›*Erwin floh.*‹ oder ›*Das Wasser spritzte.*‹, wären solche Sätze, im Gegensatz zu ›*Angst!*‹, so etwas wird als Ellipse bezeichnet, bei der nur Subjekt **oder** Prädikat vorhanden ist. Sie drückt häufig eine Empfindung aus und die Handlung erlaubt an dieser Stelle keine weitergehenden Erklärungen.

Auch wenn etwas nicht schnell, sondern ungeheuer aufregend ist, sind kurze und sehr kurze Sätze oft angebracht. ›*Das Wasser spritzte. Angst! Erwin floh.*‹, wäre ein Beispiel dafür. In der Gegenwart ›*Wasser spritzt. Angst! Erwin flieht.*‹ wird der Vorgang noch einmal beschleunigt. Das zeigt, dass Sie bei sehr hektischen oder schnellen Vorgängen von der Vergangenheit, in der Sie die Geschichte schreiben, für diesen hektischen Teil kurzzeitig in die Gegenwart wechseln können. Wenn es sein muss, sogar innerhalb eines Satzes. In der Kürzestgeschichte »*Der 100-Meter-Lauf*« auf Seite 38 habe ich diese Technik angewendet.

Werkzeuge einsetzen

Sie haben nun allerhand Werkzeuge kennengelernt, um Ihre Geschichte entstehen zu lassen. Ihnen fehlt nur noch die entsprechende Übung. Es ist wie im Handwerk: Sie müssen genau wissen, was Sie mit den einzelnen Werkzeugen erreichen können. Es ist daher unverzichtbar, die kleinen, aber oft feinen Unterschiede gefühlsmäßig zu kennen. Haben Sie die Techniken der Textgestaltung verinnerlicht, kommen Sie an einen Punkt, in dem Sie Ihre Geschichte so schreiben, wie ein Bildhauer, der die bereits in seinem Kopf existierende Skulptur aus einem Klumpen Ton oder Gips formt, ohne dass er noch über die einzusetzenden Werkzeuge nachdenken muss. Er tut es einfach.

Dazu gehört in der heutigen Zeit vielfach der Computer mit seinen Möglichkeiten. Sehen Sie ihn nur als bessere Schreibmaschine an, oder haben Sie Lust, seine Möglichkeiten zur Arbeitserleichterung zu erkunden?

Für den Fall, dass Sie beabsichtigen, sich einen Computer anzuschaffen, müssen Sie sich erst darüber klar werden, ob Sie Windows oder doch lieber einem anderen Betriebssystem den Vorrang geben wollen. Die Unterschiede werden Sie beim Schreiben kaum wahrnehmen. Wenn Sie sich nicht sicher sind, ob Sie *Windows* oder lieber *Linux* den Vorrang geben sollten, ist es auch möglich, zusätzlich zu Windows auf demselben Rechner Linux zu installieren, was nicht länger als eine halbe Stunde dauert, oder Sie probieren Linux vorher mit einer sogenannten Live-CD aus. Ein Tipp: Die Zeitschrift *Linuxwelt* hat jedes Mal eine DVD dabei, auf der mehrere aktuelle Distributionen zum Ausprobieren beigelegt sind. Da wird nichts auf Ihrem Rechner dauerhaft geändert. Bei Bedarf kann von da aus aber gleich die gefragte Distribution fest angelegt werden.

Mir kommt es in erster Linie auf die Sicherheit meiner Texte an, weshalb ich auch nichts in irgendeiner Cloud speichere. Vielleicht ist das paranoid … Linux Xubuntu ist aufgrund der nachfolgend beschriebene Eigenschaften das Betriebssystem meiner Wahl, das will ich nicht verheimlichen. Windows, iOS und Android kennt jeder. Deshalb liegt die Betonung mehr auf Linux, das mehr Aufmerksamkeit verdient.

Ihnen bei dieser Erkundung ein wenig zu helfen und Tipps für Ihre Entscheidung zu geben, dazu sind die folgenden Seiten gedacht. Freuen Sie sich auf die Erfahrungen aus meiner Praxis von den grundlegenden Programmen bis hin zum Layout Ihres Buches und der Vorbereitung einer Buchlesung.

Computertipps – Hard- und Software

Können Sie sich vorstellen, wie oft früher eine Geschichte oder ein Roman entweder von Hand abgeschrieben oder in eine Schreibmaschine getippt werden musste und was sonst noch so bis zum fertig gedruckten Buch passierte? Inzwischen geschieht das fast alles elektronisch. Sie als Autor schreiben Ihre Geschichte meist direkt in den Rechner. Nach der Überarbeitung steht Ihnen der Text zur Verfügung, der dann in die Druckerei oder den Verlag per Internet als Datei übermittelt wird. Die Druckmaschine druckt Ihren höchstpersönlich eingegebenen Text auf Papier. Automaten kleben oder binden das alles zu einem Buch zusammen. Welche Einsparung von Arbeit! Nach einigen Tagen erhalten Sie Ihr Werk durch die Post. Ohne Computer ist das unvorstellbar.

Ihre Geräte

Textverarbeitungen auf dem Rechner sind im Gegensatz zur Bild- oder gar Filmbearbeitung beim Speicherverbrauch und Rechnertakt sehr genügsam. Dagegen sollte die **Bildschirmauflösung** im oberen Bereich liegen, weil wir Menschen dazu neigen, mit den Augen die Umgebung abzutasten, bald hierhin zu blicken und dann dahin. Das ist in unserem Falle ein schneller Blick zur Überschrift, zum Menü oder zum vorherigen Absatz. Oder auch zum nächsten bei der Überarbeitung eines Textes. Bei einigen Textverarbeitungen können zur gleichen Zeit zwei oder mehrere verschiedene Ansichten des Dokuments angezeigt werden, und zwei Seiten nebeneinander, wie in einem Buch.

Solche Darstellungsmöglichkeiten stellen besondere Anforderungen an den Bildschirm, wenn Sie das alles nutzen wollen. Je mehr Einzelheiten gleichzeitig angezeigt werden sollen, desto größer sollte die Auflösung sein. Da Breitbildschirme mit einem Seitenverhältnis von 14 : 9 bis 16 : 9 schon recht lange üblich sind, wird in der Breite alles Wichtige der Programme angezeigt. In der Höhe sollte es wenigstens 768 Pixel (Bildpunkte) geben. Mehr Pixel ergeben eine schärfere Darstellung. Allerdings wird die Beschriftung des Menüs bei mehr Pixeln kleiner. Eine größere Diagonale gleicht das aus. Kleiner als 15 Zoll sollte nach Möglichkeit Ihr Bildschirm für Textverarbeitungen nicht sein. Mit einer Diagonale von 19 Zoll bis 32 Zoll (48 cm bis 82 cm) können Sie gut arbeiten, ohne Ihre Augen zu überanstrengen.

Ob Ihnen ein preisgünstiges **Notebook** reicht, oder ob Sie lieber einen **Tischcomputer** bevorzugen, ist gleich. Genügend Rechenpower hat selbst das

einfachste Modell der letzten fünfzehn Jahre. Wichtiger ist eine gut funktio-
nierende **Tastatur**. So eine können Sie auch über den USB-Anschluss an ein
Notebook anschließen. Schreiben Sie mit zehn Fingern? Eine ergometrische
Tastatur kann dann für Sie von Vorteil sein; Bildschirmtastaturen sind durch
die unfühlbare Wirkursache der Taste eher nicht geeignet.

Einen Text am Bildschirm zu überarbeiten, wird von den meisten erfahrenen
Schriftstellern abgelehnt. Es sei nicht dasselbe, wie auf Papier, meinen sie. Dem
kann ich nur beipflichten. Vielleicht hängt es damit zusammen, dass eine andere
Umgebung zum Korrigieren und Überarbeiten die Aufmerksamkeit steigert.

Um Ihren auf dem Rechner geschriebenen Text aufs Papier zu bekommen,
benötigen Sie, wer hätte das gedacht, einen **Drucker**. Geht es nur darum, Ihren
Text auszudrucken, reicht ein Schwarz-Weiß-Drucker. Welche Drucktechnik
angewendet wird, ist zunächst einmal egal. Alle Drucktechniken haben Vor-
und Nachteile. Ein **Laserdrucker** ist in der Anschaffung recht teuer, bietet
aber ein sauberes Schriftbild. Andererseits ist die Belichtungstrommel je
nach Modell nach ca. 50.000 Blatt verbraucht und muss ausgewechselt
werden, was preislich durchaus einem neuen Drucker gleichkommen kann.
Dafür kann bei einem Laserdrucker auch bei längeren Druckpausen keine
Tinte eintrocknen. Die Farbqualität bei preisgünstigen Farb-Laserdruckern
kommt bei Weitem nicht an die eines preisgünstigen Tintenstrahldruckers
heran, die dort oft schon Fotoqualität erreicht. Glossypapier, also Fotopapier
mit einer glänzenden Oberfläche in entsprechender Stärke, gibt es üblicherweise nur für Tintenstrahldrucker.

Ein einfacher Farb-**Tintenstrahldrucker** bewegt sich preislich weit unter
einem SW-Laserdrucker. Die Druckqualität von Texten ist immer noch sehr
gut. Es ist aber ein Unterschied zum Laserdrucker feststellbar.

Die Original-Tintenpatronen sind recht teuer. **Tintenpatronen** von anderen
Herstellern sind teilweise viel günstiger, lohnen sich aber nur, wenn fast täglich gedruckt wird, weil sie oft bei längeren Pausen den teuren Druckkopf ver-
kleben und undurchlässig für Tinte machen. Hier trifft die gleiche Aussage zu,
wie bei der Belichtungstrommel der Laserdrucker zu. Er kostet fast so viel,
wie ein neuer Drucker.

Was bei Ihnen Vorrang hat, können nur Sie selbst entscheiden.

Haben Sie sich für eine Linuxvariante als Betriebssystem entschieden, sollten Sie bei Druckern und Scannern, mit denen Sie Papierbilder in den Rechner
bekommen, vorher Erkundigungen einziehen, ob Sie dafür die passenden Trei-
ber herunterladen können. Zumindest hängt Linux da immer etwas den neusten

Modellen hinterher. In so einem Falle habe ich mit *Turbo-Print* gute Erfahrungen gemacht, das aber extra kostet.

Die *Computermäuse* funktionieren meist über Systemgrenzen hinweg. Wenn Sie Probleme mit Nackenverspannungen haben, sollten Sie über die Anschaffung eines *Trackballs* nachdenken. Bei ihm sind Sie bei der Arbeit nicht gezwungen, wie bei der Maus, den Ellenbogen etwas anzuheben. Für genaues Arbeiten ist ein Touchpad, wie in Notebooks vorhanden, nicht zu gebrauchen.

Betriebssysteme

Ohne Betriebssystem, das ist das Grundprogramm jedes Computers, Smartphones und vieler moderner Haushaltsgeräte, läuft gar nichts. Es kümmert sich um die Bildanzeige, den Ton, in welchem Fenster ein Programm geöffnet wird und auch um alle möglichen Einstellungen. Es erkennt die eingebauten und angeschlossenen Geräte wie Drucker, Tastaturen, Bildschirme, Speicher usw. und macht sie Ihnen zugänglich.

Windows

Das bekannteste Betriebssystem ist Windows der US-amerikanischen Firma Microsoft, das momentan die Versionsnummer 10.x hat. Von Version zu Version ist Windows perfekter geworden, was leider auch für die voreingestellten Schnüffelfunktionen zutrifft. Die lassen sich zwar in den Tiefen von Windows abstellen, erfordern dazu aber Spezialwissen.

Für dieses Betriebssystem gibt es die meisten Anwendungen und Spielprogramme. Da sollte eigentlich fast kein Wunsch unerfüllt bleiben. Alle Softwarefirmen, die etwas auf sich halten, haben in der Regel eine Windows-Version ihres Programms, meistens sogar die ursprüngliche.

Leider können Sie sich im Internet die verschiedensten Schadprogramme (Viren, Würmer, Trojaner usw.) einfangen, sodass Sie hier neben dem bereits eingebauten Windows-Defender eine weitere Schutzvorrichtung haben sollten. Es gibt hierfür die verschiedensten Schutzprogramme, die *immer* aktuell gehalten werden sollten. Sie kosten zusätzlich und machen den Rechner langsamer. Absolut sicher sind Sie trotzdem nicht.

Ein Wort muss noch zu **Windows 10 Home S** gesagt werden. Es wird von Microsoft als besonders sicher und schnell angepriesen und das ist auch so. Das wird vor allem dadurch erreicht, dass Microsoft dem Nutzer nicht erlaubt, Programme zu installieren, die nicht im Microsoft-Store angeboten werden. Statt des Firefox-Browsers müssen Kunden von **Windows 10 Home S** beispielsweise den hauseigenen Edge-Browser verwenden. Bevor Sie sich ein Gerät mit Home S anschaffen, sollten Sie sich deshalb informieren, ob das auserkorene Lieblings-Schreibprogramm auch dort im Microsoft-Store angeboten wird! Hier sollten Sie vor dem Schaden klug sein!

Android

Bekannt wurde Android vor allem als Betriebssystem von Handys und Smartphones. Zeitweise fand man es auch als schnell startendes Zweitsystem auf normalen Windows-Rechnern, um beispielsweise schnell 'mal im Internet etwas nachzusehen. Auch auf Tablets und einfachen Netbooks ist Android zu finden. Die Programme heißen hier Apps, was Applikationen oder Anwendungen bedeutet. Textverarbeitungssoftware gibt es hier ebenfalls als App. Freie Programme, beispielsweise Libre Office, die unter Windows und Linux Freeware, also unentgeltlich zu haben sind, sind im App-Store oft nicht kostenlos. Entweder werden sie für eine bestimmte Zeit gemietet, oder Sie können sie gegen eine einmalige Gebühr unbegrenzt benutzen.

Mac Apple

Ein bisschen anders als in anderen Systemen verhält es sich hier mit dem Betriebssystem. Während es anderswo relativ wenig Abhängigkeiten von der Hardware, also der jeweiligen Leiterplatte gibt, gibt es hier bereits Unterschiede zwischen iMac und Mac. Auch Anwendungsprogramme müssen auf diese Unterschiede hin ausgelegt sein. Außerdem laufen auf einer neuen Version des Mac-Betriebssystems nicht immer Programme, die noch auf der gerade verwendeten ohne Beanstandung ihren Dienst taten. Die Lösung dafür ist oft, dass neben dem neuen Betriebssystem auch die Anwendungssoftware aktualisiert werden muss, weil nur noch 64 Bit unterstützt wird. Dass Apple-Hardware und -Software hochpreisig ist, dürfte sich schon herumgesprochen haben. Die Qualität ist dafür hervorragend. Das Word-entsprechende Schreibprogramm heißt *Pages,* aber auch *Papyrus Autor* gibt es in einer Mac-Variante.

Linux

Ein einheitliches Linux-Betriebssystem, so wie wir es von Windows usw. her kennen, gibt es nicht. Das Linux-Betriebssystem teilt sich in den Kernel und die jeweilige Bedieneroberfläche auf. Linux hat ein Kernprogramm (Kernel), dessen neuste Version von dem Linux-Erfinder Linus Thorwald freigegeben wird. Es kommt mit einer Vielzahl von Bedienoberflächen daher, deren wichtigste das Debian-System ist. Mit *Ubuntu*, was auf afrikanisch *Menschlichkeit* bedeutet, hat es die englische Firma Canonical geschafft, auf Debian-Grundlage eine anwenderfreundliche Benutzeroberfläche zu schaffen. Parallel zu Ubuntu gibt es offizielle und inoffizielle Abwandlungen von Ubuntu, die sich deutlich im Speicherverbrauch und der Optik unterscheiden. Gut bekannte Oberflächen sind: Kubuntu, Xubuntu und Lubuntu aber auch Linux Mint und Fedora. Genauso wie das Mac-Betriebssystem verwendet Linux ein UNIX-ähnliches System, das gegen Schadsoftware sehr sicher ist. Sie müssen bei beiden Systemen eine Erlaubnis haben, Programme zu installieren. Nebenbei und unbemerkt über das Internet ist das nicht möglich!

Deshalb kommen Sie bei Mac und Linux gut ohne einen Virenscanner aus. Linuxwird wegen dieser Sicherheit sehr oft bei Servern eingesetzt, das sind ganz grob gesagt, Sammel- und Verteiler-Rechner, ähnlich einem Postamt.

Und noch eines spricht für Linux: Der Code von Linux, also das, was das Betriebssystem mit den Daten macht, ist von jedermann einsehbar, ganz im Gegensatz zu Windows und Apple Macintosh, deren Code geheim ist.Ein weiterer Vorteil von Linux-Systemen ist, dass beim Installieren nicht nur der Kernel und die jeweilige Benutzeroberfläche auf die Festplatte geschrieben wird, sondern auch gleich ein umfangreicher Grundstock von wichtigen Programmen. Das Schreibprogramm Libre Office Writer ist in fast jedem Falle dabei und auch ein Internet-Zugangsprogramm. In Linux können Sie sofort nach der einfachen Installation anfangen, Ihre erste Geschichte zu schreiben. Überdies ist die Linuxinstallation kostenlos.

Über den Menüpunkt *Software* stehen Ihnen eine Vielzahl weiterer Anwendungen kostenlos zur Verfügung. Sollten Sie doch einmal ein Programm benötigen, für das Linux keine Entsprechung hat, können Sie mithilfe von *Wine* das benötigte Windows-Programm auf Ihrem Linux-Computer installieren. Für Sie ist hier nur wichtig zu wissen, dass es möglich ist!

Schreibprogramme

Schreibprogramme gehörten zu den ersten Programmen, die es überhaupt auf Computern gab, denn auch Spezialprogramme zur Steuerung eines Satelliten im Orbit oder Bildbearbeitungen benötigen zur Programmierung ein Schreibprogramm, um den Code zu erstellen. Nur werden sie dort Editoren genannt. Aber das brauchen Sie nicht behalten.

Programmierer haben diese Editoren immer leistungsfähiger gemacht und ich kann mir vorstellen, dass irgendjemand dann wohl auf die Idee gekommen war, und hat dort den ersten Brief geschrieben. Vielleicht hatte er gerade kein Papier zur Hand oder seine Handschrift war so schlecht, dass niemand sie lesen konnte …

Allen elektronischen Speichermedien ist gemeinsam, dass durch einen Impuls aus der Stromleitung oder durch eine mechanische Erschütterung (bei Festplatten) oder allein, weil die Speichermedien abgenutzt sind, die Daten plötzlich nicht mehr lesbar sind. Sichern Sie deshalb mindestens täglich einmal Ihre Textdatei auf einem zweiten Datenträger, also einem USB-Stick, einer SD-Karte oder einer externen Festplatte. Fast nichts ist ärgerlicher, als ein fast fertiger Roman, an dessen Text Sie nicht mehr herankommen! Damit wäre Ihre Arbeit von Monaten für die Katz. Sicher könnten Computer-Forensiker da noch einiges wieder herausholen, aber so etwas gibt es nicht für Kleingeld. Bedenken Sie: Ihre gespeicherten Ideen sind unersetzlich!

Allgemeines

Was alle Schreibprogramme können, selbst die Einfachsten, sind die Einstellung von Schriftart und -größe. Als Schriftart gibt es zum Beispiel Arial, Times New Roman oder Courier.

Zur Hervorhebung bietet praktisch jedes Programm die Möglichkeit, den Text **fett**, *schräg* (*kursiv*) und <u>unterstrichen</u> sowie eine Kombination daraus darzustellen. Die Schriftfarbe und die Laufweite (der Abstand zwischen den Buchstaben) zu ändern, ist eine weitere Möglichkeit, der Schriftauszeichnung.

Allen Schreibprogrammen gemeinsam ist es auch, einen markierten Textabschnitt mit [Strg]+[C][*] zu kopieren und mit [Strg]+[X] zu löschen. Damit wird der markierte Textabschnitt in den Zwischenspeicher des jeweiligen Betriebssystems kopiert und kann an anderer Stelle, auch in einem anderen Programm, mit [Strg]+[P] wieder abgelegt werden. Oder Sie verwenden die entsprechenden Menüeinträge. Die Möglichkeit, markierten Text direkt mit gedrückter linker Maustaste zu verschieben, ist meistens vorhanden. Auf all diese Mittel und Wege werde ich im Folgenden nicht mehr eingehen. Sie unterscheiden sich von Programm zu Programm kaum. Bei Bedarf sehen Sie bitte im Handbuch nach.

---

[*] Die Zeichen in den eckigen Klammern bezeichnen die Tasten auf einer Windows-Tastatur. Zuerst ist die erste Taste niederzudrücken und gedrückt zu halten, während der Inhalt der zweiten Klammerung betätigt wird, genauso wie die Großschreibung eines Buchstabens, das nachfolgend angegeben wird: a= [A], A=[Shift]+[A]

Die Textausrichtung kann meist auf linksbündig, rechtsbündig, zentriert und Blocksatz eingestellt werden. Markieren[*] oder schreiben Sie in Ihrem Schreibprogramm einen Absatz und beobachten Sie die Wirkung der Textausrichtung auf die Darstellungsweise auf dem Bildschirm. Beachten Sie dabei, dass nur die markierten Textteile verändert werden.

Wenn ich im Folgenden von Dateiformaten spreche, dann ist immer von der Kennzeichnung der Dateinamen durch ein Anhängsel (Suffix) nach dem Namen gemeint. Sollten diese Suffixe nicht sichtbar sein, lassen sie sich durchgängig im jeweiligen Betriebssystem einschalten. Warum sie beispielsweise in Windows im Auslieferungszustand ausgeschaltet sind, weiß wohl nur Microsoft. Diese sichtbaren Suffixe sind oft ein erstes Zeichen dafür, dass irgendjemand versucht, dem Benutzer Sicherheit vorzugaukeln, wenn sie dennoch erscheinen, obwohl sie eigentlich ausgeschaltet sind, ist das schon ein Alarmzeichen! Sind die Endungen (Suffixe) eingeschaltet, dann sind zwei typische Endungen (Suffixe) zu sehen. Beispielsweise **Story1.docx.exe**. EXE-Dateien (.exe) sind ausführbare Programme! Nur nach dem letzten richtet sich Windows. Ausgeschaltet sehen Sie nur **Story1.docx** und denken sich nichts dabei, weil Sie meinen, es sei nur eine Word-Datei, während es in Wirklichkeit ein ausführbares Programm ist (durch die verborgene Endung .exe), dass Ihnen möglicherweise einen Computervirus aufspielt, wenn Sie diese Datei doppelt anklicken oder starten.

MS-Wordpad

Zu jedem Windows von der Microsoft gibt es ein einfaches Textprogramm, »Wordpad«, gratis dazu. Wordpad kann die grundlegenden Anforderungen ans Schreiben erfüllen. Es können Bilder und Grafiken eingebunden werden und ein Abspeichern und Lesen ist in den Formaten .rtf, .docx (Word), .odt (Libre/

---

[*] In den meisten Schreibprogrammen markiert ein Doppelklick auf ein Wort dieses. Soll ein längerer Textteil markiert werden, setzen Sie den Mauszeiger auf den ersten Buchstaben des ersten Wortes, drücken die linke Maustaste herunter und halten Sie sie gedrückt. In dieser Stellung ziehen Sie die Maus bis zum letzten Buchstaben des letzten Wortes. Alles was zwischen dem ersten Buchstaben und der aktuellen Mausposition wird dabei farbig hinterlegt. Lassen Sie die Maustaste los, ist dieser Bereich markiert und Sie können für diesen Bereich die Schriftart, die Schriftgröße usw. ändern. Probieren Sie auch einen Dreifachklick mit der linken Maustaste aus. Bei manchen Programmen wird so ein Satz oder ein Absatz markiert. Sie können auch versuchen, nach dem ersten Markieren bei gedrückter [Strg]-Taste einen weiteren Bereich entweder mit einem Doppelklick oder mit gedrückter linker Maustaste einen weiteren Bereich zu markieren. Alle markierten Bereichen können Sie auf die gleiche Art und Weise verändern. Beschäftigen Sie sich ruhig mal zehn Minuten oder eine Viertelstunde damit. Sie werden es beim Schreiben und Überarbeiten immer wieder benötigen!

Open Office) und .txt möglich. Die Formate .txt und .rtf sind von Haus aus plattformübergreifend. Damit kann Wordpad auch zwischen den großen und weit verbreiteten Office-Anwendungen vermitteln. Das Papier ist fest auf das amerikanische Letter-Format eingestellt. Es ist mit 216 mm x 279 mm etwas breiter und kürzer, als das bei uns in Deutschland übliche DIN A4-Format (210 mm x 297 mm) dessen Seitenverhältnis 1 : 1,41 ist. Alle DIN-Formate haben dieses Seitenverhältnis. Die Versionen ab Windows 7 orientieren sich an der ab Word 2007 eingeführten Menütechnik mit breiter oberer Menüleiste. Eine Rechtschreibprüfung gibt es nicht. Im Umfang entspricht es etwa dem im Anschluss erklärten AbiWord. Als Notizblock, den Sie neben oder hinter der Haupt-Textverarbeitung einsetzen, erfüllt Wordpad die gestellten Forderungen.

MS-Word

Das meistgenutzte Schreibprogramm bei Schriftstellern, wenn auch beileibe nicht das Beste, ist »MS-Word« von Microsoft, hier kurz Word genannt. Word ist eine sehr umfangreiche Textverarbeitung. 95 Prozent aller angebotenen Möglichkeiten sind für den Schriftsteller völlig uninteressant. Selbst wirkliche Kenner nutzen nur maximal 50 Prozent der Möglichkeiten. Bildbearbeitungen zum Beispiel wird der Experte lieber in einem Spezialprogramm durchführen, das dann auch noch das bessere Potenzial hat. Word bietet die Möglichkeit, die Seiten und Zeilen zu nummerieren und hat eine Kommentarfunktion, die bei Überarbeitungen sehr hilfreich ist.

Sehr komfortabel lassen sich in Word Inhaltsverzeichnisse erstellen. Mit wenigen Klicks kann es hier auch aktualisiert und bei Bedarf gelöscht werden. Gleiches trifft auch für *Fußnoten*, *Endnoten*, *Abbildungen* sowie für *Zitate* und *Literaturverzeichnisse* zu.

Word gestattet auch feste Zeilenabstände statt einem Faktor zur Schriftgröße. Dann ist der Zeilenabstand nicht mehr von der gerade verwendeten Schriftgröße abhängig.

Das Programm hat eine integrierte Rechtschreib- und Grammatikprüfung. Ebenfalls ist ein Thesaurus, ein Synonymwörterbuch, vorhanden, das markierte Wort aus einer Aufstellung heraus direkt durch einen einfachen Klick ersetzen kann. Abgespeichert kann der Text außer in den systemeigenen Formaten .doc und .docx als .pdf und .rtf. Das ermöglicht zumindest das Lesen und Ausdrucken der Texte auf Systemen, die nicht über Word verfügen. MS-Office-Word ist zu einem Preis zwischen 80 € und 150 € zu haben.

AbiWord

Relativ unbekannt ist das kostenlos aus dem Internet herunterzuladene Programm *AbiWord* von AbiSource. Es ist für die Betriebssysteme Windows und Linux verfügbar, bis vor einigen Jahren auch für den Mac und den Commodore Amiga. AbiWord orientiert sich in seiner Menügestaltung an MS-Word 2003 mit seinen klassischen Menüs. Viel mehr als die oben genannte Grundausstattung ist nicht vorhanden. Die Erweiterungen betreffen vor allem die Möglichkeit, den Tabulator von rechts- und linksbündig sowie auf zentriert und dezimal umzuschalten. Wer mit MS Word 2003 zurechtkommt, braucht sich bei AbiWord nicht groß umzugewöhnen. Eine Nummerierungs- und Aufzählungsautomatik ist vorhanden. Es können Seitenzahlen eingefügt und gekennzeichnete Überschriften können in einem Inhaltsverzeichnis automatisch generiert werden. Das Papierformat ist ebenfalls auf Letter festgelegt. Ein Zoom erfolgt nur in vorgegebenen Schritten. Das Menü lässt sich in viele verschiedene Sprachen umschalten. Die Sprache Deutsch ist in den Ausprägungen Deutschland, Österreich und Schweiz einstellbar. Interessant ist, dass AbiWord das Word-eigene .doc-Format und das Open-Dokument-Format .odt von OpenOffice und Libre Office lesen und schreiben kann. Eine minimale Rechtschreibprüfung ist vorhanden. Wer wirklich nur Texte verfassen will und auf Automatiken verzichten kann, ist mit AbiWord auf einem guten Weg und kann von https://www.chip.de/downloads/AbiWord-Schreibprogramm_13009026.html heruntergeladen werden. Die Einarbeitungszeit dürfte sich infolge des beschränkten Menüumfanges in Grenzen halten. Allerdings habe ich nur eine englischsprachige Bedienungsanleitung gefunden.

Apache Open Office und Libre Office

Aus Open Office Org (OOo) haben sich durch einen Streit der Entwickler die beiden Textverarbeitungsprogramme Apache Open Office und Libre Office von *The Document Foundation* entwickelt. Während Apache Open Office zurzeit die Versionsnummer 4.1.2 trägt, ist Libre Office bereits bei der Version 6.4.2 angekommen. Beide Produkte können Sie als kostenlose Datei von https://www.chip.de/downloads/OpenOffice_13004346.html bzw. von https://de.LibreOffice.org/download/download/?type=win-x86_64&version=6.4.2&lang=de herunterladen. Auch diese beiden Programme haben eine Rechtschreibprüfung eingebaut. Es ist das einzige Programm, für das es eine plattdeutsche Rechtschreibprüfung gibt, allerdings nur für das niedersächsische. Sie haben eine ähnliche Leistungsfähigkeit wie die

Microsoft-Programme Word, Excel etc. und bestehen aus einer Textverarbeitung, einer Tabellenkalkulation, einem Formeleditor usw. Sie sind besser an die jetzt üblichen Breitbildschirme angepasst, als Word. Was Libre Office und Apache Open Office besonders interessant machen, ist die Tatsache, dass sie zwei- bis dreimal so schnell starten, wie Word und Excel. Auch das Umschalten von Textverarbeitung in Tabellenkalkulation geht im Gegensatz zum Microsoft-Office-Paket rasend schnell voran. Durch die gemeinsame Vorgeschichte sind ihre Menüs ähnlich aufgebaut und nach meinem Empfinden logischer angeordnet als in Word. Ein Zoom der dargestellten Seite ist durch einen Schieberegler rechts unten in der Ecke stufenlos möglich. Interessant ist, dass diese kostenlosen Programme es ermöglichen, einen Text in einem Fenster in jedem beliebigen Winkel zu drehen. Word kann Texte nur entweder um -90 Grad oder um +90 Grad drehen. Das könnte bei der Covergestaltung wichtig werden, oder wenn ein Text in den Rand geschrieben werden soll. Einem Textaustausch mit Word steht nichts im Wege, denn es können die Word-Formate .doc und das neuere .docx gelesen und geschrieben werden.

Zudem gibt es Open Office und Libre Office für die Plattformen Windows, Apple Mac OS X und GNU/Linux. Libre Office auch für Android.

Wer darauf bedacht ist, die geschriebenen Texte auch auf einem E-Book-Reader lesen zu können, wird sich freuen, denn es gibt für Apache Open Office und Libre Office ein gemeinsames Add-in, eine Erweiterung, dass/die es ermöglicht, direkt .epub-Dateien zu erzeugen, die mit dem Tolino und ähnlichen Geräten angezeigt werden können. Neuerdings ist diese Funktion schon fest eingebaut. Das »mobi-Format« von Amazon/Kindl wird jedoch nicht unterstützt. Serienmäßig hingegen ist die Möglichkeit den geschriebenen Text als .pdf-Datei abzuspeichern. Das macht Self-Publishing ohne weitere Programme möglich.

Papyrus Autor

Das professionellste Programm, das momentan als Schriftsteller-Software auf dem Markt ist, ist Papyrus Autor 10.0 der Berliner Firma R.O.M. Logicware GmbH. Als *Papyrus Author* ist die komplett englischsprachige Version ebenfalls verfügbar. Trotz seines enorm großen Funktionsumfanges startet es sehr schnell, oft schneller als das viel kleinere Wordpad. Wird die Funktion nicht ausgeschaltet, startet Papyrus Autor beim nächsten Mal mit den zuletzt geöffneten Dokumenten. Es ist interessanterweise direkt von einem USB-Stick lauffähig, ohne dass es auf dem benutzten Computer installiert werden muss.

So können Sie Ihr Schreibprogramm bequem in der Hosentasche einschließlich der Text-Daten mitnehmen und an verschiedenen Computern am selben Dokument arbeiten. Papyrus Autor gibt es für Windows und Mac. Eine Linux-, i-Mac und Android-Version ist in Arbeit. Eine kaum eingeschränkte Demo-Version steht unter https://www.papyrus.de/download/ zum Download bereit.

Papyrus Autor ist speziell auf die Bedürfnisse eines Schriftstellers zugeschnitten und kostet zurzeit 179 €. Der bekannte Science-Fiction-Autor *Andreas Eschbach* ist als Ideengeber aktiv an der Entwicklung beteiligt. Manche Funktionen basieren auf seinen Vorschlägen.

Das Neuste, auch auf Eschbach zurückgehend, ist das sogenannte Denkbrett. Auf Seite 17 erwähnte ich die sogenannte Cluster-Methode, in der Begriffe eingekreist um einen Hauptbegriff herum notiert werden. In Papyrus Autor ist diese Methode noch weiterentwickelt und verfeinert worden. Wenn es sein muss, kann dieses Denkbrett eine Größe von bis zu 9 Quadratmetern einnehmen. Es ist extrem flexibel und lässt sich direkt im Papyrus-Dokument, als auch als externe .pdf-Datei abspeichern und damit auch über den Acrobat-Reader ausdrucken. Neben der eigentlichen Aufgabe, eine Geschichte zu entwickeln, eignet es sich auch hervorragend dazu, beispielsweise einen Stammbaum zu erstellen, oder Funktionspläne.

Alle Funktionen von Papyrus Autor aufzuzählen ist an dieser Stelle unmöglich. Ein Handbuch mit über 400 DIN A4-Seiten sprechen für den enormen Funktionsumfang. Papyrus ist aber nicht nur ein spezielles Schreibprogramm, sondern auch eine Datenbank und eine Tabellenkalkulation. Mitten im Text kann ohne weitere Umstände eine Tabelle angelegt, in der auch gerechnet werden kann.

Für den Schriftsteller ist Papyrus Autor vor allem deshalb interessant, weil praktisch von der ersten Idee an alles auf dem Rechner bearbeitet werden kann. Aus dem Denkbrett heraus können Szenen und Kapitel angelegt werden, einfach durch entsprechende Mausklicks.

Eine besondere Funktion ist der Zeitstrahl. Hier können Szenen und Kapitel in eine zeitliche Reihenfolge gebracht werden. Die dargestellte Zeit lässt sich je nach Bedarf abschnittsweise stauchen und dehnen, sodass in Zeiten, in denen nichts passiert, nicht unnötig Platz in der Darstellung vergeudet wird. So bekommen Sie einen Überblick über die zeitliche Abfolge des Textes.

Werden Figuren, Schauplätze und Dinge in der Datenbank definiert, werden diese im Text in einer anderen Schriftfarbe markiert. Ein Doppelklick darauf führt dann in die entsprechenden Einträge der Datenbanken.

Auf jeden Fall zu erwähnen ist der Thesaurus, das Synonymwörterbuch von Papyrus. Er ist eine Kombination des Duden-Thesaurus mit dem frei verfügbaren Thesaurus, der beispielsweise auch in Libre Office verwendet wird. Das macht sich an der Zahl der angezeigten Vorschläge bemerkbar, die vereinzelt durchaus 300 Synonyme übersteigen können.

Mit dem Duden-Korrektor hängt auch die Stilanalyse zusammen, die in Papyrus zugeschaltet werden kann. Sie zeigt unter anderem Füllwörter, Adjektive, Phrasen, Verbfaulheit, Amtsdeutsch und Wortwiederholungen in jeweils drei verschiedenen Stärken an. Auch zulange Sätze werden angekreidet. Sogar eine Lesbarkeits-Einschätzung wird vorgenommen und über verschiedene Hintergrund-Farben der Absätze angezeigt. Auch dies sind einmalige Funktionen.

Nun in Stichworten noch einige Eigenschaften, die auf jeden Fall erwähnenswert sind. Da wäre das Klemmbrett, auf dem rechts (und links) neben dem eigentlichen Text Textschnipsel und Bilder gelegt werden können und zu sehen bleiben, obwohl der Text weitergescrollt wird. Die Reihenfolge der Szenen und Kapitel kann auf einfache Art und Weise mit der Maus im *Navigator* geändert werden.

Das einzige Schreibprogramm, dass es auf der normalen Bedienoberfläche gestattet, für den Zeilenabstand einen Faktor zur Schriftgröße auszuwählen oder einen konstanten Abstand ist Papyrus Autor.

Es kann eine Überprüfung der wörtlichen Rede vorgenommen werden, bei der der Zwischentext aufgehellt und nur die wörtlichen Reden schwarz angezeigt werden. Natürlich ist es möglich, Kommentare einzufügen. Beim Export in das .doc-Format von Word bleiben die Kommentare erhalten. Open- und Libre Office können auch das .doc-Format lesen. Auch hier bleiben die Kommentare, die äußerlich das interne Aussehen der jeweiligen Schreibprogramme annehmen, erhalten.

In der Demoversion von Papyrus Autor kann das alles ausgiebig getestet werden. Selbstverständlich ist das Erstellen von Inhaltsverzeichnissen sowie Fuß- und Endnoten möglich, die meistens auch beim Export in andere Formate erhalten bleiben.

Bliebe noch zu erwähnen, dass Papyrus Autor seine eigenen Datenformate hat. Abgespeichert und exportiert werden kann unter anderem im .doc-Format, als .pdf in den E-Book-Formaten .epub und .mobi sowie als .html und .rtf. Gelesen wird .doc, .rtf und .txt neben den eigenen Formaten (.pap als Text- und .pb als Datenbankformat). Mit dem .pap.pdf-Format wird eine PDF-Datei erzeugt, die auch wieder mit Papyrus Autor geöffnet und bearbeitet werden kann. Mit reinen PDF-Dateien (.pdf) ist das nicht möglich.

Scrivener

Keine herkömmlichen Schreibprogramme sind das circa 40 $ teure »*Scrivener*«, das kostenlose »*yWriter*« und das österreichische »*Patchwork*«. Diese Programme verabschieden sich vom linearen Text. Was im ersten Moment nach einem Durcheinander aussieht, hat durchaus seine Vorteile. Letzten Endes ist das Ziel auch dieser Textverarbeitungen ein linearer Roman, der Seite für Seite gelesen werden soll. Das Maß des Schreibens sind in beiden Programmen die geschriebenen Wörter, Szenen und Kapitel, nicht die Seiten respektive Normseiten. Hier aber trennen sich die Wege schon.

Scrivener von *Literature and Latte* gibt es als Windows- und Mac-Version in Deutsch, Englisch, Französisch und weiteren Menü-Sprachen.

In Scrivener gibt es keine »Textdateien« im eigentlichen Sinne mehr. Jede Datei, die dort erzeugt wird, ist gleichzeitig eine Karteikarte auf einer Kork-Pinnwand, eine Szene, eine »einfache Textdatei« und ein Eintrag in einer Übersichtsliste (Gliederung). Was gerade zu sehen ist, kommt nur darauf an, welche Ansicht gewählt wurde. Die Demo-Version können Sie 30 Tage testen.

Sehr komfortabel ist dabei die Notizfunktion. Wobei Sie entscheiden können, ob die Notizen im letztendlichen Ausdruck angezeigt werden und welche Farbe sie haben.

Scrivener kann den Text im PDF, Word und Rich Text Format ausgeben, was nicht umfassend ist, aber ausreichend sein sollte. Eine Demoversion lässt sich von https://www.chip.de/downloads/Scrivener_45445535.html herunterladen.

yWriter

Während Scrivener hübsch anzusehen ist, beschränkt sich *yWriter* von *Spacejock Software* auf das Notwendigste, was die Optik betrifft, nicht den Funktionen nach! Es gibt nur einfache Fenster zur Übersicht und einen einfachen Texteditor für das Rich Text Format (.rtf). Mehr als die Minimalanforderungen zum Schreiben und der Textauszeichnung sind nicht vorhanden. Angelegte Figuren werden im Text aber mit farbiger Schrift hervorgehoben, sodass schnell zu sehen ist, welche der Figuren in der gerade angezeigten Szene beteiligt sind.

Was dieses Programm so einzigartig macht, sind die durchdachten, auf die Bedürfnisse des Schriftstellers zugeschnittenen Funktionen und die Benutzerführung. Begonnen wird mit einem Projekt, das sich erst in Kapitel und dann in Szenen aufteilt. In einem speziellen Fenster wird die Zusammenfassung des zu schreibenden beziehungsweise zu bearbeitenden Kapitel permanent auf der linken Seite angezeigt und auch eine Übersicht über die Kapitel und ihren Umfang in Worten.

Sie können sogar im Voraus jeder Szene einen aussagekräftigen Namen geben, ohne dass sie schon geschrieben wäre. So wird bereits im Vorfeld ein Handlungsablauf festgelegt. Geschrieben wird im Übrigen szenenweise in dem schon erwähnten einfachen Text-Editor. Dieser Text-Editor kann auch parallel für zwei oder mehr Szenen geöffnet werden, sodass Sie in einem Editor schreiben und sich in dem anderen eine andere oder die gleiche Szene anzeigen lassen. Sie haben so die Möglichkeit, eine Szene umzuschreiben, ohne dass wichtige Details verloren gehen. Die alte Szene kann dann beispielsweise auf »Nicht verwendet« gesetzt werden und später bei Bedarf gelöscht oder – doch wieder benutzt werden. Der Status jeder einzelnen Szene kann im Hauptfenster in einem Popup-Menü auf Gliederung, **Entwurf**, **1. Überarbeitung**, **2. Überarbeitung** und **abgeschlossen** gesetzt werden. So gewinnen Sie leicht einen Überblick, was am Text noch zu tun ist. yWriter ist ähnlich gut durchdacht wie Papyrus, wenn auch lange nicht so gefällig und umfangreich.

yWriter hält noch weitere Funktionen bereit, die erwähnenswert sind. Die Figuren beziehungsweise die Charaktere, wie sie hier genannt werden, können detailliert mit allen Namen und Bezeichnungen, der Biografie, speziellen Notizen, dessen Ziele und einem Bild beschrieben werden. Das Gleiche trifft für die Schauplätze und verwendeten Gegenstände zu. Es ist also mit yWriter möglich, in einem Projekt zu einem viel früheren Zeitpunkt die Vorteile des Computers beim Schreiben und Gestalten zu nutzen. Die Exposé-Erstellung, kann hier in Einheit mit dem späteren Text erfolgen. Durch die Bezeichnung der Szenen mit einem aussagekräftigen Namen hat yWriter viel mit der Schneeflockenmethode gemeinsam oder kann zur Ausarbeitung benutzt werden. Die vorgegebene Struktur ermöglicht, dass nichts Wichtiges vergessen wird und dass Bedeutungsvolles vor dem Schreiben festgelegt werden kann.

Das Format für das Abspeichern ist allein das Rich Text Format mit der Endung/Suffix .rtf, das praktisch jede Textverarbeitung lesen und speichern kann. Das ist umso wichtiger, weil yWriter nur eine marginale englische Rechtschreibprüfung hat. Eine Textverarbeitung wie Word oder Libre Office mit Rechtschreibkontrolle ist hier sehr hilfreich.

Nichts ist ärgerlicher, als ein verlorener Text, in dem oft eine nicht unbeträchtliche Zeit des Schreibens steckt. Auch in dieser Hinsicht spannt yWriter ein Sicherheitsnetz wie Papyrus Autor auf. In regelmäßigen Abständen und wenn Sie an der Szene arbeiten, speichert yWriter die Inhalte in dieselbe Datei. Das ist die standardmäßige *Back-up-Methode*, aber es gibt noch eine bessere: Klicken Sie im Szeneneditor auf **Bearbeiten** und dann auf **Einstellungen**, Verändern Sie die Einstellung **Back-up** in dieselbe Datei in Back-up in aufeinander folgenden Dateien. Somit sind Sie vor den meisten unangenehmen Zufällen während des Schreibens geschützt.

Wenn auch die Textfunktionen einen sehr bescheidenen Umfang haben, kann ich diese Software trotzdem empfehlen, wenn das Haushaltsbudget schmal ist. Zusammen mit beispielsweise Libre Office ist es ein ausgezeichnetes kostenloses Programm, das den meisten Anforderungen eines Schriftstellers genügt.

Auf http://www.computerbild.de/download/yWriter-6036188.html oder http://ywriter5.soft112.com/ kann dieses Programm heruntergeladen werden. Auf https://www.youtube.com/watch?v=XFq1OetPH2M ist eine Einführung in yWriter in Deutsch anzusehen. Sie dauert etwa 52 Minuten. yWriter, dass inzwischen in der Version 7.x angeboten wird, gibt es nur für Windows, lässt sich aber über Wine auch auf Linux installieren.

Patchwork

Vom Ansatz her ist das Autorenprogramm »Patchwork« eine Mischung von *Papyrus Autor* und *Scrivener* zusammen mit einer Text-zu-Sprache-Wandlung ähnlich *Voice Reader,* siehe Seite 83. Sehr viele Features von Papyrus finden Sie auch bei Patchwork. Allerdings ist Patchwork nicht layoutorientiert, sondern die Szenen bilden den Grundstock des Programms. Sie werden in einem Editor geschrieben, einem einfachen Schreibfeld, das nicht mit allzu vielen Formatierungen aufwarten kann. Zeilenabstand und Zeichensatz und -größe spielen beim Schreiben noch keine Rolle; allerdings Rechtschreibung und Ausdruck. Als Autor werden Sie also nicht von späteren Formatierungen vom Schreiben abgelenkt. Viel mehr als in Papyrus wird auf die Struktur Ihrer Geschichte mit Kapiteln, Szenen, Spannungsbogen usw. geachtet. Es gibt eine intelligente Importfunktion von Word-Dokumenten. Überschriften werden allein dadurch erkannt, dass sie fettgeduckt sind. Als *Überschrift* brauchen sie also nicht formatiert sein.

Eine Geschichte zu hören, ist etwas anderes, als eine Geschichte zu lesen, vor allem, wenn sie selbst geschrieben wurde. *Martin Danesch* aus Klagenfurt in Österreich, der Programmierer dieses genialen Autorenprogramms ist selbst Schriftsteller und hat schon zehn Romane und ein Sachbuch zum Schreiben herausgebracht. Deshalb hat er in seinem Programm die Möglichkeit geschaffen, sich den soeben geschriebenen Text auch anzuhören. So eine Vorlesefunktion liest *immer, was dort geschrieben steht*, auch die falschen Fälle und die vergessenen Buchstaben! Für die Korrektur ist das von fast unschätzbarem Wert, vor allem, wenn kein professionelles Lektorat und Korrektorat in den Prozess eingebunden wird. Auch in diesem Autoren-ABC habe ich von dieser Möglichkeit eines elektronischen Vorlesens Gebrauch gemacht und so manchen Fehler aufgedeckt.

Für die Druckvorstufe beim Eigenverlag hat Patchwork in dem Veröffentlichungsassistenten die nötigen Werkzeuge. Mit wenigen Mausklicks kann das Geschriebene in die Formatvorgaben von beispielsweise der Firma BoD und anderen eingefügt werden, einschließlich der Titelei. So weit ist selbst Papyrus Autor noch nicht! Allerdings kann in Patchwork kein Cover gestaltet werden!

Wer sich weiter über dieses Autorenprogramm informieren will, kann auf der Webseite https://autorenprogramm.com/ weitere Informationen bekommen und auch eine Demo-Version herunterladen. Patchwork mit *Duden Korrektor* kostet 134 €, ohne 99 €. Dafür gibt es auch die Möglichkeit einer Teilzahlung von 4 mal 26 €. Für zuzüglich 35 € gibt es Duden dazu.

Ergänzungsprogramme

Nicht direkt zum Verfassen von Texten geeignet sind einige Programme, die aber das Schreiben einfacher und komfortabler machen können. Da sie von der Funktion her sehr verschieden sind, möchte ich jedes dieser Ergänzungsprogramme für sich sprechen lassen. Sie dienen dazu, den Text zu korrigieren, sich Ihren Text vorlesen zu lassen, oder sie nehmen Ihr Diktat auf. Wenn Sie Ihre Geschichte nicht dem Rechner diktieren wollen, eignet sich diese Funktion doch bestens dazu, ein handgeschriebenes Manuskript in computerlesbaren Text zu verwandeln.

Duden Korrektor

Einige Jahre nicht als Software erhältlich war der *Duden Korrektor*. Er ist für die Microsoft-Office-Programme nun wieder verfügbar. Während es in der Anfangszeit auch eine Version für *Open Office Org* gab, beschränkte man sich bald nur noch auf Microsoft-Office, in dem auch MS-Word zu finden ist. Einzig Papyrus Autor und das Konkurrenzprodukt *Patchwork* verwenden nach wie vor den Duden-Korrektor, der jetzt jedoch von der *epc Consulting & Software GmbH, Ketsch* weiterentwickelt wird. In Papyrus Autor ist derzeit die Versionsnummer 2020 angegeben. Das Gute am Duden Korrektor ist, dass Sie das, was geprüft werden soll, an- und abwählen können.

So praktisch der Duden Korrektor fürs Schreiben ist, er ersetzt nicht das eigene Denken. Er kann zum Beispiel nicht »seit zwei Jahren« mit T geschrieben und »seid ihr alle da?«, mit D am Ende, unterscheiden. Auch wenn es hin und wieder so aussieht: Der Duden Korrektor kann nicht denken oder besser gesagt den Inhalt eines Textes erkennen.

Inzwischen ist der Duden-Korrektor wieder als Software erhältlich, bindet sich aber in Word nicht mehr so ein, dass die interne Prüfung in Word abgeschaltet wird.

Voice Reader

Einen Text zu hören ist etwas völlig anderes, als einen Text zu lesen. *Voice Reader* liest in der Windows-Umgebung jeden eingetippten oder gespeicherten Text vor. Über den mitgelieferten Integration-Manager kann Voice Reader ins Microsoft-Office-Paket eingebunden werden. Mit 49 € je Stimme ist Voice Reader von Linguatec sicher keine Schnäppchen-Anwendung, aber noch bezahlbar. Es sind zwei weibliche und zwei männliche Stimmen in Deutsch erhältlich. Die Stimmen klingen sehr natürlich, sind gut verständlich und ohne Akzent. Sie haben die Wahl, sich den Text wortweise und satzweise vorlesen zu lassen. Beim satzweisen Vorlesen senkt und hebt der »Sprecher« in Abhängigkeit der Zeichensetzung die Stimme, was viel zur Natürlichkeit beiträgt. Die Geschwindigkeit und die Tonhöhe sind zusätzlich zu den Stimmen mit Reglern einstellbar. Viele Passagen eines Textes klingen sehr lebendig. Mit bestimmten Worten oder Wortgruppen aber scheint Voice Reader seine Probleme zu haben, wie beispielsweise mit dem Wort *Ingenieur*. Andererseits werden Jahreszahlen korrekt, beispielsweise das Jahr 1952 als »neunzehnhundertzweiundfünfzig« statt »tausendneunhundertzweiundfünfzig« ausgesprochen, wenn die Zuordnung eindeutig ist. Die generierte Sprache kann als MP3-Datei gespeichert und auf einen USB-Sick übertragen werden. So können Sie faktisch Ihr eigenes Hörbuch schaffen.

Voice Reader bringt neben der Einbindung in Word auch einen einfachsten Editor mit, der aber zum Schreiben selber nicht zu gebrauchen ist. Zumindest ist das bei meiner Programmversion so, die aus dem Jahre 2006 stammt. Neben der Home-Version gibt es noch eine Professional-Version, die aber etwa das Zehnfache kostet und keine Wünsche mehr offenlassen soll.

Balabolka

Balabolka ist russisch und heißt Schwätzer und ist von Ilya Morozov. Vermutlich wurde dieses Vorleseprogramm in Russland entwickelt. Mit russischer Software habe ich bisher gute Erfahrungen gesammelt. Auch das bekannte Antivirenprogramm Kaspersky hat diesen Ursprung. Meist ist die Oberfläche, also das, was der Benutzer auf dem Bildschirm sieht, gut durchdacht und aufgeräumt, bescheiden und ehrlich und gaukelt ihm nicht Funktionen vor, die so nicht vorhanden sind. Balabolka ist kostenlos aus dem Internet für Windows herunterladbar. Die Installation dauert nur wenige Minuten.

In der aktuellen Version sind die Sprachen Deutsch und Englisch einstellbar. In Englisch wird eine synthetische Stimme verwendet, der man die Unnatürlichkeit von der ersten Sekunde an anhört. Dennoch ist sie gut zu verstehen. Dafür sind hier die Einstellungen der Tonhöhe und Sprechgeschwindigkeit justierbar. Die deutsche Stimme hört sich bei mir auf Windows 7 sehr natürlich an und ist weiblich. Einstellmöglichkeiten für die Stimme gibt es hier leider nicht. Die Stimme ist gut zu verstehen, jedoch sehr langsam.

Es gibt für Balabolka auch andere Stimmen. Die Internetseite von Balabolka ist eine der möglichen Adressen für andere Sprachdateien. Die Audiodatei, das Gesprochene, kann in vier Formaten abgespeichert werden. MP3, MP4, OGG und Wav. Balabolka kann Textdateien in vielen Formaten lesen, wozu interessanterweise unter anderem das DOC-, EPUB-, HTML-, MOBI-, ODT-, PDF- und RTF-Format gehören. Balabolka ist also für die direkte Nutzung von Textdateien von Word und Open Office bzw. Libre Office eingerichtet sowie für das Vorlesen von E-Books geeignet.

Dragon NaturallySpeaking

Für 99 Euro gibt es das Programm Dragon Home von Nuance, das auf das Wort des Benutzers hört. Hier wird Sprache in Text verwandelt. In der Verkaufsverpackung von Dragon Home ist ein Kopfhörer mit Mikrofon, ein Headset, enthalten.

Beim Diktieren sollte gut ausformuliert, aber nicht überdeutlich gesprochen werden. Andererseits senkt Nuscheln die richtige Erkennung deutlich. Wichtig bei der Benutzung sind eine ruhige Umgebung und ein konstanter Abstand zwischen Sprecher und Mikrofon sowie eine möglichst gleichbleibende Sprechlautstärke. Das eingebaute Mikrofon in einem Notebook ist ebenfalls geeignet und erspart Ihnen den Druck der Kopfhörermuscheln auf die Ohren. Neben dem reinen Diktieren von Texten gelingt auch die Steuerung des Windows-Computers und des Schreibprogramms. In Word ist so auch das Abspeichern und Laden von Texten über Sprachbefehle möglich. Dragon Home erkennt nach wirklich kurzer einmaliger Stimm-Erkennungszeit im Zusammenhang gesprochene Sätze. Dazu müssen Sie einen vorgegebenen Text vorlesen, ihn dabei normal und flüssig sprechen.

Die einzige Besonderheit beim Diktieren ist, dass *alle* Satzzeichen mitdiktiert werden müssen. Wie sollte auch eine tote Software lebendige Sprache richtig verstehen? Die Satzzeichen werden dabei logischerweise nicht als Wort, sondern wirklich als Satzzeichen auf dem Bildschirm angezeigt. Haben Sie sich mit dem Programm eingeübt, ist ein schnelles und flüssiges Schreiben möglich. Bei Dragon sind Sie aber nicht auf Word oder Wordpad angewiesen. Es bringt einen Texteditor gleich mit, der einfachen Anforderungen ans Schreiben genügt.

Liegen Texte in einer handschriftlichen Form vor, ist Vorlesen eine schnelle Möglichkeit, sie als Textdatei auf dem PC abzuspeichern, wenn Sie nicht das Zehn-Finger-System beherrschen.

So vollmundig die Versprechen der Firma Nuance auch sind: Auf eine Überarbeitung und Richtigstellung kann (noch) nicht verzichtet werden, denn manchmal versteht *Dragon Home* schlichtweg falsch. Auch diese Korrektur ist mit Sprachbefehlen möglich, aber doch am schnellsten mit der Computertastatur und Maus zu erledigen. Am besten funktioniert Dragon bei allgemeinen Texten, die keine Fach- oder regionalen Begriffe enthalten. Andererseits kennt Dragon viele, auch nicht so häufig gebrauchte Namen.

Excel oder Libre Office Calc zur Datensortierung

Fragen Sie sich auch, was eine Tabellenkalkulation mit dem Schreiben von Geschichten zu tun hat? – Nun, eine Tabellenkalkulation kann Ihnen Ihre Arbeit enorm erleichtern, wenn Sie etwas in genauer zeitlicher Reihenfolge (chronologisch) ordnen wollen. Legen Sie sich dazu eine Tabelle mit mindestens zwei Spalten an. Eine für die Zeit und die zweite für das Ereignis. In die linke Spalte kommt der Zeitpunkt im Format: ›**11.11.2011 11:11**‹ mit *einem Leerzeichen* zwischen Datum und Uhrzeit, und in die rechte das Ereignis: ›**Beginn der Karnevalszeit**‹. Ein weiteres Ereignis könnte sein: ›**9.3.2011 24:00**‹ und ›**Am Aschermittwoch ist alles vorbei**‹. Sie können weitere Daten in der Reihenfolge eintragen, wie Sie Ihnen in die Hände kommen, quer durch die Jahre und Uhrzeiten. Wenn Sie nun alle eingetragenen Felder im Block markieren und anschließend die Sortierfunktion **A → Z** aufrufen, ist das Ergebnis die zeitliche Reihenfolge der Ereignisse. Selbst die Kriminalpolizei hat sich übrigens zeitweise dieser Methode bedient! Mit Papyrus Autor funktioniert es leider nicht.

Dem Text den letzten Schliff geben

Auch wenn es anfangs öfter verneint wird, streben die meisten Schreiber letztlich doch eine Veröffentlichung an. Daran ist nichts auszusetzen. Machen wir uns nichts vor, wer lieber auf Partys geht und sich sprechend gut darstellen kann, braucht sich nicht die Mühe machen, in wochen- oder monatelanger Arbeit ein Buch zu schreiben. Schriftsteller sind in erster Linie Denker und Individualisten, die versuchen, den Dingen auf den Grund zu gehen. Deshalb ist die Psychologie und Philosophie oft ein heimliches Hobby von ihnen. Nicht wenige unter uns kennen sich auch ganz gut im Programmieren von Computern aus. Alle diese Tätigkeiten kann man nur ausführen, wenn man in der Lage ist, ein Problem in seine Bestandteile zu zerlegen und wieder zusammenzusetzen. Sie finden einen kreativen Weg aus dem Dilemma von Vorstellung und Realität.

Als Autor einen Verlag zu finden ist nicht einfach. Die Verlage haben ganz klare Vorgaben, wie sich eine Geschichte entwickeln muss. Im Fall von *Sebastian Fitzek* hätten die Verlage sich fast ein Geschäft entgehen lassen. Sie glaubten nicht an Thriller, die in Deutschland spielen. Der Druck, eine möglichst hohe Auflage zu bekommen und damit wirtschaftlich Erfolg zu haben, ist wichtiger, als ein Experiment mit vielen Unbekannten zu wagen. Für viele Autoren bleibt da nur der Selbstverlag. Zum Glück gibt es *BoD* Norderstedt, die berliner Firma *epubli* und einige andere Digitaldruckereien, die schon Auflagen ab einem Exemplar zu einem guten Preis herstellen können. Wagen wir uns also ein wenig in die Layoutgestaltung und die Druckvorstufe.

Schreibtechnisches

Ob eine Geschichte oder ein Roman gelesen wird, ist nicht nur eine Frage des Inhalts und der Wortwahl, sondern auch eine Angelegenheit der Schriftart sowie ein Ergebnis der Anordnung der Sätze und Absätze.

Als Papier noch nicht in ausreichendem Maße zu Verfügung stand, hat der Schriftsetzer vieles hintereinandergesetzt, was inhaltlich oft zu trennen war. Besucher von Leih-Bibliotheken schlagen einen vom Titel her interessant wirkenden Band auf und schauen sich das Schriftbild an. Bücher mit kleinen Schriften, engen Zeilen und wenig Absätzen wandern schnell in das Regal zurück.

Die elektronische Verarbeitung der Manuskripte spielt für Verlage und Druckereien inzwischen eine wichtige Rolle. Was vor nur 100 Jahren ein gutes Stück Arbeit war, dauert im Zeitalter der Computer nur einen Augenblick oder ist mit wenigen Mausklicks erledigt. Beispielsweise Zeilen und Seiten umzubrechen oder gar den Austausch der Schriftart oder auch nur den Schriftstil zu wechseln, wie **fett**, nach *rechts geneigt (kursiv)* oder <u>unterstrichen</u>.

Es gibt Tausende verschiedene Schriftarten, wie Times New Roman, Arial, Bodoni MT, Old London und viele andere Textschriften, dazu eine Menge hübscher Schmuck- und Handschriften sowie verschnörkelte Initialen oder welche mit Arabesken. Nicht jede von ihnen ist für längere Texte geeignet, manche sogar nur für einen einzigen Buchstaben je Geschichte, nämlich die Initialen, den Anfangsbuchstaben. Zudem gibt es jede Schrift in verschiedenen Schriftgraden, also Größen, die in Punkt gemessen werden. Dazu auf Seite 98 mehr.

Als Standard-Schriften gibt es drei große Gruppen:

Bei manchen Schriften befinden sich unten an den senkrechten Teilen beim i, l, m usw. kleine waagerechte Striche. Wenn Sie ganz genau hinsehen auch an der Schrift, mit der dieser Text gesetzt ist. Das sind die *Serifen.* Sie befinden sich auf Grundlinienhöhe und erleichtern dem Auge, in der jeweiligen Zeile zu bleiben. Vor allem bei Zeitungen, Zeitschriften und Romanen wird sie verwendet. Die nennen sich **Serifen-Schriften.** Eine bekannte Schrift heißt deshalb auch »Times New Roman«.

Dann gibt es noch Druckschriften, die diese kleinen Striche, die Serifen *nicht* haben. Solche nennen sich **Serifenlose-Schrift**. Eine bekannte heißt Arial. Sie benötigt für den gleichen Text in derselben Höhe etwa 10 Prozent mehr Platz. Es erübrigt sich, das näher zu erläutern. Probieren Sie es einfach aus. Serifenlose Schriftarten werden üblicherweise für Sach- und Fachbücher benutzt. Das ist aber kein Dogma, kein Zwang.

Eine eigene Kategorie sind die **Frakturschriften**, auch gebrochene Schriften genannt. Solche Schrifttypen finden Sie in alten Ausgaben der Bibel, aber auch älterer Literatur. Vielfach werden Frakturschriften auch als Deutsche Schrift bezeichnet. Verbreitet waren sie jedoch mindestens in halb Europa und Amerika.

Richtig tippen

Nein, hier geht es natürlich nicht um das Ausfüllen Ihres Lottoscheines. Die Gewinnzahlen für einen Sechser kann ich Ihnen leider nicht liefern. Gäbe es Derartiges, würde ich diese Fähigkeit zuerst bei mir anwenden. Ob ich dieses Büchlein dann noch geschrieben hätte, weiß ich ehrlicherweise nicht …

Überall gibt es Bräuche, Konventionen. So auch beim Schreiben mit der Schreibmaschine und dem Computer. Es ist klar, dass der Anfang eines Satzes mit einem Großbuchstaben beginnt, genauso wie der erste Buchstabe einer Überschrift und eines Dingwortes, eines Substantives. Der Platz des **Satzzeichens**, also Punkt, Komma, Ausrufezeichen und Fragezeichen, ist unmittelbar nach dem letzten Buchstaben des Wortes. Danach folgt das Leerzeichen. Das trifft auch für das Semikolon und den Doppelpunkt zu.

Im Gegensatz zur Schreibmaschine wird auf dem Rechner am Ende einer Zeile von Hand *keine* **Zeilenschaltung** ausgeführt. Sie schreiben hier sogenannten *Fließtext*. Die Umbrüche am Zeilen- und Seitenende erledigt der Rechner von selbst. Ist die automatische Trennung im Programm eingeschaltet, werden die Wörter (aller-allermeist) auch an der richtigen Stelle von selbst getrennt.

Die Taste, deren Aufdruck auf einer PC-Tastatur ein nach links zeigender Pfeil mit einem auf der rechten Seite nach oben abgeknickten Schaft ist (siehe Bild rechts), wird nur dazu verwendet, einen Absatz zu erzeugen oder einzelne Leerzeilen. Um eine neue Seite zu beginnen, verwenden Sie die entsprechende Funktion aus dem Menü des jeweiligen Textverarbeitungsprogramms. Den entsprechenden Menüeintrag finden Sie in dem Menü *Einfügen* oder ähnlich lautenden Menübezeichnungen. *Die Leertaste ist für all diese Aufgaben absolut **tabu**!*

Die **wörtliche Rede** wird in Anführungszeichen (Chevrons, Gänsefüßchen) eingeschlossen. Im Fließtext beginnt sie nach einem Leerzeichen und endet nach dem Satzendezeichen und dem abschließenden Anführungszeichen, gefolgt von einem Leerzeichen. Aber keine Regel ohne Ausnahme: Beginnt eine wörtliche Rede mit einem **Absatz**, steht vor dem Gänsefüßchen *kein* Leerzeichen. Am Ende werden erst alle Satzzeichen geschrieben, die dann von dem Leerzeichen gefolgt werden. Ein Beispiel: *»Du Schwein!«, schrie Petra.*

Noch ein paar weitere Regeln: Vor und nach **geklammerten Texten** steht ein Leerzeichen, außer es folgt ein Satzzeichen. Zwischen Zahl und Maßeinheit gehört ein Leerzeichen, außer bei Prozent (*19% Mehrwertsteuer* von 27 €), besser jedoch ein *Festabstand* [Strg]+[Leertaste] (27 €). So werden Zahl und Maßeinheit bei einer automatischen Zeilenschaltung nicht getrennt und rücken etwas näher zusammen. **Uhrzeiten** schreiben Sie bitte mit Doppelpunkt (12:26 Uhr) und das **Datum** in Ziffern *ohne*, mit Monatsnamen *mit Festabstand* zwischen den Bestandteilen (1.1.2020, aber 1. Januar 2020). Zahlen bis 12 werden in Buchstaben (*neun, zwölf*) geschrieben, außer bei Schulklassen (7. Klasse) usw. Steht usw. am Satzende, wird *kein* zusätzlicher Punkt gesetzt.

Überschriften und Standardtext

Eine Überschrift ist nicht deshalb eine, weil sie größere, fette Lettern verwendet oder eine andere Schriftart. Überschriften sollten im Schreibprogramm auch als solche formatiert werden. Außer in spartanischen Editoren gibt es das in jeder besseren Textverarbeitung.

Nun könnten Sie ja sagen: »*Hauptsache **ich** weiß, dass das eine Überschrift ist*«. Schreiben Sie einen Roman mit mehreren Kapiteln, Zwischenüberschriften oder gar ein Sachbuch, kann Ihnen das Festlegen einer oder mehrerer Arten von Überschriften, als solche gute Dienste leisten. Wenn Sie untergeordnete Punkte unter einer Hauptüberschrift benötigen, wird das Gliedern Ihres Textes nach *Standardtext* für die eigentliche Information und den *hierarchischen Überschriften* zur Notwendigkeit. Mit der Automatik brauchen Sie sich nicht darum kümmern und jedes Mal alle Merkmale selbst einstellen, was sehr fehleranfällig ist. Selbst, wenn Sie feststellen, dass Sie mitten im Text einen wichtigen Punkt oder Unterpunkt vergessen haben oder Sie umgruppieren müssen, brauchen Sie Ihren Text nur an der gewünschten Stelle einfügen und die Überschrift als Punkt oder Unterpunkt zu klassifizieren. Um die richtige Nummerierung auch der nachfolgenden Punkte kümmert sich Ihr Schreibprogramm selbstständig. Ist das nicht arbeitserleichternd?

Zwei weitere wichtige Funktion sind in die meisten professionellen Schreibprogramme eingebaut: die selbsttätige Inhaltsverzeichnis-Erzeugung mit den Seitenzahlen und die automatische Fuß- und Endnotenfunktion. Die Fußnotenfunktion sorgt dafür, dass das auch nach einer umfangreichen Überarbeitung so bleibt. Diese Automatiken machen Ihnen das Leben leichter! Sie müssen selbst nach mehrfachen Änderungen nicht aufpassen, ob alles richtig ist. Auch wenn Sie Bilder einfügen, verschiebt sich der Text auf den Seiten oft erheblich.

Dass Sie nun genug motiviert sind, sich mit diesen zeitsparenden Formatierungen auseinanderzusetzen, hoffe ich. Bestimmte Schreibprogramme wie beispielsweise Papyrus Autor, MS-Word und Libre Office Writer gehen in ihren Automatiken noch weit darüber hinaus. Alle Angebote wirklich zu nutzen, hat wohl noch niemand geschafft.

Suchen Sie sich zumindest über die Überschriften-Formatierung hinaus Ihre Lieblingsfunktionen. Am besten immer nach dem gerade bestehenden Erfordernis. Für einige Schreibprogramme zeige ich Ihnen im Anschluss in einer Tabelle, wo Sie die wichtigsten Formateinstellungen finden:

MS-Word 2007 und später			
Überschriften:	Reiter **Start**	Formatvorlagen	**Titel** und **Überschrift 1** und **2**
Standardtext:	Reiter **Start**	Formatvorlagen	**Standard**
Fußnote:	Reiter **Verweise**	**Fußnoten**	
Seitenzahl einfügen:	Reiter **Einfügen**	**Kopf- und Fußzeile**	**Seitenzahl**
PDF erzeugen:	Schaltfläche **Office**	**Speichern unter**	**PDF oder X̲PS**
EPUB erzeugen:	nicht vorhanden		
Inhaltsverzeichnis:	Reiter **Verweise**	**Inhaltsverzeichnis**	
Kommentare:	Reiter **Überprüfen**	**Kommentare**	
Zeilennummern:	Reiter **Seitenlayout**	**Seite einrichten**	**Zeilennummern**
Seite einrichten:	Reiter **Seitenlayout**	**Seite einrichten**	**Größe**
Libre Office Writer			
Überschriften:	Menü **Vorlagen**	**Überschrift 1** bis **3**	
Standardtext:	Menü **Vorlagen**	**Absatz Standard**	
Fußnote:	Menü **Einfügen**	**Fuß-/Endnote**	**Fußnote**
Seitenzahl einfügen:	Menü **Einfügen**	**Seitennummer**	
PDF erzeugen:	Menü **Datei**	**Exportieren als**	**Als PDF exportieren**
EPUB erzeugen:	Menü **Datei**	**Exportieren als**	**Als EPUB exportieren**
Inhaltsverzeichnis:	Menü **Einfügen**	**Verzeichnis**	**Verzeichnis...**
Kommentare:	Menü **Einfügen**	**Kommentar**	
Zeilennummern:	Menü **Extras**	**Zeilennummerierung**	
Seite einrichten:	Menü **Format**	**Seite...**	
Papyrus Autor 10			
Überschriften:	Menü **Absatz**	**Häufige Formate**	**Titel** bis **Titel 4**
Standardtext:	Menü **Absatz**	**Häufige Formate**	**Standard**
Fußnote:	Menü **Einfügen**	**Fußnote**	
Seitenzahl einfügen:	Menü **Dokument**	**Fortlaufende Seiten zahlen ...**	
PDF erzeugen:	Menü **Datei**	**Veröffentlichen**	
EPUB erzeugen:	Menü **Datei**	**Veröffentlichen**	
Inhaltsverzeichnis:	Menü **Dokument**	**Inhaltsverzeichnis...**	
Kommentare:	Menü **Einfügen**	**Kommentar**	
Zeilennummern:	Menü **Dokument**	**Dokument-Eigenschaften**	**Zeilennummerierung**
Seite einrichten:	Menü **Dokument**	**Seitenlayout**	**Papierformat**
AbiWord			
Überschriften:	auf Button **Normal** klicken und **Überschrift** auswählen		
Standardtext:	auf Button **Normal** klicken und **einfacher Text** oder **Normal** auswählen		
Fußnote:	Menü **Einfügen**	**Fußnote**	
Seitenzahl einfügen:	Menü **Einfügen**	**Seitenzahlen**	
PDF erzeugen:	Menü **Datei**	**Speichern unter...**	**Speichern als Dateityp** | **PDF**
EPUB erzeugen:	nicht vorhanden		
Inhaltsverzeichnis:	Menü **Einfügen**	**Inhaltsverzeichnis**	
Kommentare:	nicht vorhanden		
Zeilennummern:	nicht vorhanden		
Seite einrichten:	Menü **Datei**	**Seite einrichten...**	

Interne Rechtschreib- und Grammatikprüfung

Wenn sich auch in den letzten Jahren viel an der Qualität der Rechtschreibprüfungen verbessert hat und inzwischen vieles erkannt wird, möchte ich an dieser Stelle wiederholt darauf hinweisen, dass eine maschinelle Korrektur nicht das menschliche Denken ersetzen kann. Verschiedene Einträge in entsprechenden Internet-Foren bestärken mich in dieser Erkenntnis.

Genauso, wie immer wieder neue Sätze im Gespräch gebildet werden, manchmal aus fremden Sprachen oder aus örtlichen Dialekten Wort- und Satzkonstruktionen gebildet werden, so muss das alles auch noch von Maschinen erkannt werden.

Professionelle Schreibprogramme wie Word, Libre Office und andere bringen oft eine interne Rechtschreibprüfung mit und das auch noch für viele Sprachen. Nicht jede Sprache ist da gleich gut bedacht. Deutsch ist da neben Englisch und Spanisch relativ gut im Umfang berücksichtigt. Im Deutschen beispielsweise gibt es wenigstens ein weiteres Zusatzprogramm, das um einiges genauer ist, als die Sprachdateien der bekannten Schreibprogramme. Siehe Duden Korrektor auf Seite 82.

Überarbeiten

Kaum ein Text eignet sich in der Fassung, wie er das erste Mal niedergeschrieben wurde, zur Veröffentlichung. Bei der Überarbeitung verschieben sich die verschiedenen Textbestandteile oft erheblich.

Das erstmalige Aufschreiben einer Begebenheit ist der erste Schritt für eine gute Geschichte. Meist treten beim ersten Lesen Unzulänglichkeiten zutage, die ausgemerzt werden müssen. Hin und wieder ist es sogar notwendig, Teile zu ergänzen oder ganze Passagen zu streichen. Tun Sie diese Arbeiten ohne Groll, denn Ihre Geschichte soll doch die beste Qualität haben, die Sie abliefern können. Sehr oft müssen Texte auch noch ein zweites oder drittes Mal überarbeitet werden. Das ist völlig normal. Wenn Sie sich eine Ihrer Geschichten in einem halben, oder einem Jahr noch einmal vornehmen, werden Ihnen auch dann noch Verbesserungen einfallen.

Normseiten

Um herauszufinden, wie viel Sie im Vergleich zu anderen Texten geschrieben haben, ist die Anzahl der Seiten ein gutes Maß. Sie enthalten neben der eigentlichen Information über das Geschehen noch jede Menge freien Raum in Form von Leerzeichen und Zeilenabbrüchen durch die Absätze.

Irgendjemand hat die sogenannte Normseite erfunden, was vermutlich noch zu Zeiten war, als es nur die gute alte mechanische Schreibmaschine als Textverarbeitung gab. Bei ihr sind alle Typen gleich breit, egal ob es sich um das große W oder das kleine i handelt.

Damals legte man fest, dass eine Normseite aus höchstens 60 Zeichen in der Zeile und 30 Zeilen bestehen soll, was auf eine maximale Zeichenzahl von 1.800 hinauslief. Wie gesagt, das ist die größtmögliche Anzahl der Zeichen auf ihr. Diese Normseiten sind für Verlage eine erste Grundlage, um abzuschätzen, wie dick das Buch werden wird usw.

Auch für den Autor haben Normseiten einen weiteren Vorteil, besonders, nachdem man statt der Schreibmaschinenschrift Courier die Schriften New Times Roman und **Arial** der Größe 12 Punkt verwendete. Es zeigte sich, dass der Rand breit genug war, und mit den neuen Schriften durch die variable Zeichenbreite noch breiter wurde, um handschriftliche Notizen zur Überarbeitung einzufügen.

Die ausgedruckten Normseiten von Ihrem Rechner, am besten noch mit einer zusätzlichen Zeilennummerierung, korrigieren Sie mit dem Stift. Das sind beispielsweise fehlende oder überflüssige Kommata und Absätze, Anführungszeichen, Trennungen usw., aber auch Wort- und Satzergänzungen. Fehlt eine ganze Passage, können Sie diese auf dem breiten rechten Rand oder auf einem Extrablatt notieren. Durch die Angabe von Seitenzahl und Zeilennummer einer Stelle ist dieser Ihrem Text eindeutig zuzuordnen, auch wenn die Ergänzung auf einem anderen Stück Papier steht.

Wenn Sie meinen, alle notwendigen Änderungen erfasst zu haben, gibt es zwei Möglichkeiten: *Entweder* Sie fangen bei der *letzten* Änderung auf der *letzten* Seite an und übertragen die handschriftlichen Notizen in Ihr Dokument auf dem Rechner. Durch diese Arbeitsweise finden Sie bestimmte Textstellen sehr schnell wieder, weil ja Änderungen auch immer etwas an der Seitenaufteilung oder Position der zu ändernden Stelle bewirken und alles, was danach kommt verschieben. Was Sie schon geändert haben, rutscht nur *hinter* der aktuellen Korrekturstelle hin und her, nicht in dem noch zu verändernden Textteil. Da Sie aber *immer vor* der letzten Stelle korrigieren, stimmen die Positionen auf dem Bildschirm und dem Papierausdruck immer überein; bis zur ersten Seite/letzten Korrekturstelle. Das spart ständiges Suchen und ungeheuer Zeit. *Oder* Sie markieren auf dem Rechner alle Stellen mit der Textmarkerfunktion des Schreibprogramms und gehen dann wie gewohnt von vorn nach hinten durch den Text.

Unter https://www.literaturcafe.de/normseite-dokumentvorlage-download/ können Sie sich Normseiten-Vorlagen kostenlos herunterladen. Wenn Sie sich eine moderne Vorlage selbst einrichten möchten, führen folgende Einstellungen in Ihrem Schreibprogramm zum Ziel:

Schriftart:	Arial 12 Punkt		
Zeilenabstand:	genau 24 Punkt (feste Zeilenhöhe)		
Zeilennummern anzeigen			
Abstand zum Text	0,5 cm		
Seitenzahl (in Fußzeile) automatisch anzeigen lassen			
linker Rand:	3 cm	rechter Rand:	6,3 cm
oberer Rand:	1 cm	unterer Rand:	1,0 cm
Kopfzeile und Fußzeile	je 1 cm Höhe		
Das Ganze als Vorlage abspeichern, nicht als normales Dokument!			

In die Kopfzeile können Sie Ihren Namen und Adresse, das Datum und den Titel Ihres Werkes dauerhaft eintragen. Diese Angaben erscheinen dann auf jeder Seite Ihres Werkes. Es reicht, wenn Sie auf jeder Seite die Zeilennummerierung neu beginnen lassen.

Wenn Sie Ihre Vorlage eingerichtet haben, kontrollieren Sie durch die mehrfache Eingabe der Zeilenschaltung [Enter]/[←|], ob nach 30 Zeilen eine neue Seite beginnt. Wenn nicht, korrigieren Sie die Kopf- und Fußzeile entsprechend. Zumindest MS-Word gestattet es, die Zeilennummern auch fortlaufend anzeigen zu lassen.

In Papyrus Autor brauchen Sie sich um diese Einstellungen nicht kümmern. Dort gibt es fertige Vorlagen für herkömmliche und moderne Normseiten. Außerdem können Sie dort mit einem Mausklick ein Dokument in ein Normseiten-Dokument überführen. Einfach so, wie Sie es hier lesen.

Den Ausdruck verbessern

Beim ersten Niederschreiben ist es wichtig, zunächst einmal die Geschichte zu Papier zu bringen. Dabei sind Rechtschreib- und Grammatikfehler nicht so bedeutsam. In dieser Phase schleichen sich eine Menge **Füllwörter** wie *auch, viel, nämlich, also* usw. sowie **Wortdopplungen** in den Text ein. Finden Sie diese und überlegen Sie, ob der Text auch ohne sie auskommt. Das Gleiche gilt für **Eigenschafts-** und **Umstandswörter**. *Tätigkeitswörter* (Verben, Zeitwörter) sind hingegen sehr willkommen, da sie zeigen, was *in der Bäckerei* passiert. Das Ganze heißt aber nicht, dass Sie *alle* Füll-, Eigenschafts- und

Umstandswörter ausmerzen müssen. Das ist genauso falsch. Es kommt hier auf eine gute Ausgeglichenheit an. Kürzere Texte verlangen nach mehr Eigenschaftswörtern, als Erzählungen und Romane.

Vermeiden Sie **lange Sätze**. Bei mehr als 35 Wörtern überlegen Sie, ob alle Informationen darin wichtig sind. Versuchen Sie, die Sätze zu teilen. Oft wird dann der Sinn leichter erfassbar.

Suchen Sie Absätze, in denen Sie **mehrmals dasselbe** auf verschiedene Weise geschrieben haben. Es gibt nur wenige Fälle, in den das notwendig ist.

Kennzeichnen Sie **Dialoge**. Wenn diese ohne die Zusätze verständlich sind, haben Sie sich ein Bienchen verdient.

Aber: Betrachten sie diese Empfehlungen nicht als Lehrmeinung, Dogma. Manchmal bringt der Verstoß gegen Regeln genau das Empfinden für den Leser und für die Geschichte, welches Sie erreichen wollen.

Die Zahl Drei

Die Zahl 3 ist beim Schreiben eine magische Zahl. Bei Aufzählungen geben Sie in normalen Verhältnissen drei Beispiele an. Ist etwas überzählig, ist einem etwas zuwider, braucht es nicht mehr als vier Eigenschaften, bestenfalls fünf. Schon da werden oft die Augen gerollt und es wird langweilig.

Normal: *»Das Wetter an diesem Tag war mild, trocken und sonnig.«*
Zuwider: *»Seit Tagen war stürmisches Wetter. In unser Zelt tropfte es, das Gestänge bog sich mit jeder Sturmböe mehr, die Lampe versagte ihren Dienst und in meine Luftmatratze musste ich jede Stunde Luft nachblasen, wenn ich nicht auf dem harten nassen Boden liegen wollte.«*

Korrektur mit dem Tolino-Ebook-Reader

Eigentlich nur zum Lesen hatte ich mir vor einiger Zeit einen Tolino-Ebook-Reader zugelegt. Der Tolino kann Bücher im Format EPUB, TXT und PDF anzeigen. Libre Office und Papyrus Autor können von sich aus das EPUB-Format Ihres Werkes erzeugen. Im Format EPUB ist es auf dem Tolino möglich, Textstellen zu markieren und Kommentare dazu abzuspeichern. Das können Sie mit dem Finger auf dem Bildschirm tun, besser und genauer ist aber ein spezieller Stift, der für berührungsempfindliche Bildschirme entwickelt wurde und der eine weiche Gummispitze aufweist. So lässt sich hier viel Papier und Toner beziehungsweise Tinte für Korrekturausdrucke sparen. Die Notizen, die Sie sich auf dem Tolino gemacht haben, finden Sie in »notes.txt« des Readers und können in jedes Textverarbeitungsprogramm geladen werden. Schließen Sie dazu den Tolino an Ihren Rechner und Doppelklicken Sie dazu auf das Symbol »tolino«. Das funktioniert in Windows und auch unter Linux.

Wenn die Korrekturen nicht allzu viel Umfang haben, lässt sich der Tolino gut dafür verwenden. Ein Nachteil ist, dass es keine natürliche Zuordnung von Bildschirmposition auf dem Tolino zu dem Originaltext auf dem Rechner gibt, weil sich jede Einstellungsveränderung bei der Textwiedergabe des Tolino auf die Anzeige auswirkt. Deshalb verwenden Sie bitte die *Suchen-Funktion* des Schreibprogramms dafür, um die Textstelle zu finden. Nach Möglichkeit sollten Sie in die Suchen-Funktion zwei bis drei aufeinander folgende Wörter eintragen. Dann findet das Schreibprogramm die entsprechende Textstelle sehr schnell. Da wo es nur um kleine Korrekturen geht, ist so eine Arbeitsweise aber auf jeden Fall machbar, also vielleicht nicht die erste und zweite Überarbeitung, sondern die folgenden Korrekturen.

Veröffentlichen

Digitaldruckereien geben auf ihren Web-Seiten meist die Buchformate vor und sichern Ihnen damit einen besseren Preis, da jedes neue Einrichten Zeit und Geld kostet. Sie reichen vom Taschenbuchformat von ca. 12 x 19 cm bis oft zur Größe DIN A4 in Hoch- und Querformat. Die maximale Seitenzahl liegt bei 700 je Band. Alles andere hängt von Ihren Wünschen ab. Farbige Seiten kosten im Druck viel mehr als solche in Schwarz-weiß bzw. Grautönen. Der Umschlag, das Cover, wird immer als farbig berechnet und ist allermeist nur einseitig bedruckt. Interessanterweise ist der Seitenpreis vom Taschenbuch 12 x 19 cm und vom Format 15,5 x 22 cm oft ein und derselbe …

Als Druckdateien werden meist zwei PDF-Dateien angefordert. Einmal der sogenannte *Buchblock* mit dem Inhalt zwischen den Buchdeckeln in dem gewählten Format, beispielsweise DIN A5. Die Größe der *Cover-PDF* ist von der Dicke des Buches, also der Seitenzahl und dem ausgewählten Papier des Buchblocks abhängig.

Der Satzspiegel

Als Satzspiegel bezeichnet man die bedruckte Fläche der Buchseite. Der unbedruckte Rand der Seiten sollte an der Außenseite und oben nicht weniger als 12 mm betragen und unten etwas breiter sein. Legen Sie ihn unten mit 20 mm an, sieht es gut aus, wenn die Seitenzahlen hier etwa auf der Hälfte des Randes liegen. Im Zweifelsfalle sollte der Abstand zum unteren Papierrand etwas größer sein.

Den Bundsteg, das ist der Rand, der zum Binden der Seiten benötigt wird, sollten Sie mit 6 mm einplanen, bei dicken Büchern bis zu 8 mm. Hinzu kommt der innere Rand bis zum Satzspiegel. Er sollte gleich oder etwas breiter sein, als die Hälfte des Außenrandes.

Ein Rechenbeispiel: Ist der Außenrand nach links und rechts gleich 14 mm, ist der innere Rand mindestens 7 mm + dem Bundsteg, also 6 mm. Zusammen also mindestens 13 mm.

Sie sehen, dass, wenn Sie den linken und rechten Rand des Blattes mit 14 mm festlegen, auf der sicheren Seite sind. Diese Verhältnisse gelten für das Taschenbuchformat von etwa 120 mm mal 190 mm. Wenn Sie es

gern geometrisch berechnen wollen, können Sie die Breite und die Höhe des Buchformats durch 9 teilen. Das ergibt bei einem Buchformat von 12 cm mal 19 cm einen Wert von 13,3 mm in der Breite und 21,1 mm in der Höhe. Diese Werte runden Sie auf ganze Millimeter und setzen die entsprechenden Werte in Ihrem Textverarbeitungsprogramm. Vergleichen Sie dazu Seite 89.

Buchformatierungen

Die ersten Seiten eines Buches überblättern die meisten Leser schnell. Fehlen sie aber, ist es schon rein gefühlsmäßig unvollständig. Sie tragen Informationen über den Titel des Buches, den Herausgeber oder Autoren und über den Verlag und das meist mehrfach. Es ist üblich, auf der ersten Seite des Buchblocks, dem sogenannten *Schmutztitel*, den Buchtitel dessen Verfasser und den Verlag zu nennen. Alles in wenig aufwendigem Layout, einfacher Aufmachung. Hier sieht der Buchbinder, welchen Buchblock er vor sich hat und kann ihn mit dem richtigen Umschlag zusammenfügen. Die zweite Seite bleibt meist leer oder wird als Fläche für eine Widmung verwendet. Die dritte Seite ist für den eigentlichen Titel reserviert, mit allen wichtigen Informationen. Auf der Rückseite, das ist die vierte Seite, steht ganz unten das Impressum, welches bekannt gibt, welche Rechte am Inhalt wem zustehen, und wer am Buch mitgearbeitet hat sowie die ISBN und der Verkaufspreis. Auch Widmungen und Danksagungen können Sie hier finden.

Ab Seite 5 (alle ungraden Seiten sind immer auf der rechten Seite des aufgeschlagenen Buches!) beginnt der Text meist mit dem Inhaltsverzeichnis. Immer auf der rechten Seite des Buches fängt dann das erste Kapitel beziehungsweise die eigentliche Handlung an. Auch alle Hauptkapitel beginnen normalerweise auf der rechten Seite. Um das alles am konkreten Objekt nachzuprüfen, brauchen Sie nur hier ein Lesezeichen einlegen, das kann durchaus Ihr Finger sein, und sich hinter dem Buchdeckel die ersten Seiten anzuschauen.

Die Seitennummerierung fängt gewöhnlich nach dem Inhaltsverzeichnis an. Es ist aber kein Fehler, sie mit dem Inhaltsverzeichnis beginnen zu lassen. Wenn die Inhaltsübersicht bei Sachliteratur sehr lang ist, ist es oft von Vorteil, dieses Verzeichnis extra zu nummerieren, beispielsweise mit römischen Zahlen oder mit Buchstaben, während der Inhalt selbst mit arabischen, also normalen Zahlen, gezählt wird. Die Seiten werden dann trotzdem vom Schmutztitel an gezählt.

Ob die Seitenzahlen oben in der Kopfzeile oder unten in der Fußzeile angezeigt werden und ob sie rechts oder links oder in der Mitte zu finden sind, bleibt dem persönlichen Empfinden vorbehalten. Sogar eine Seitenzahl nur auf der rechten *oder* linken Buchseite einzudrucken, ist möglich. In Geschichten und Romanen ist es üblich, die Seitenzahlen unten an der Außenseite des Blattes zu setzen.

Besteht ein Buch aus mehreren von einander getrennten Inhalten und ist es als Nachschlagewerk gedacht, so können Sie Kopfzeilen anlegen und rechts und links oder auch nur einseitig das aktuelle Kapitel oder den aktuellen Abschnitt vermerken. Grenzen sind Ihnen da nicht vorgegeben. Hauptsache die Information ist wichtig für die Benutzung.

Die (Gesamt-)Seitenzahl des Buchblocks muss durch 4 teilbar sein. Das hat etwas mit der Drucktechnik zu tun und der Größe des verwendeten Papiers. Erreicht der Buchblock keine solche Zahl, werden einfach Leerseiten angefügt. Bei der Berechnung, ob eine Zahl durch 4 teilbar ist, brauchen Sie nur die beiden letzten Stellen der Seitenzahl beachten. Wenn diese durch 4 teilbar ist, ist es die ganze Seitenzahl auch, denn 100 und deren Vielfache sind es auf jeden Fall.

Schriftgröße und Zeilenabstand

Lesen sollte entspannend sein, was die Augen betrifft, nicht dem Inhalt nach! Die Schrift sollte weder so klein sein, dass Sie Mühe haben, die Worte zu entziffern, noch so groß, dass man Ihnen »Seitenschinderei« vorwerfen könnte. Daneben sollten Sie beachten, dass Kinder und Senioren oft eine größere Schrift und eine einfachere Schriftart benötigen, wie beispielsweise Arial.

Die Schriftgröße wird in Punkt gemessen. Buchdrucker verwenden diese eigenartige Maßeinheit. Ein Punkt beträgt etwa 0,353 mm (1/72 Zoll). Damit hat eine übliche 11-Punkt-Schrift eine Gesamthöhe von ca. 3,88 mm von der Oberkante der Großbuchstaben bis zu den Unterlängen beim kleinen P oder G oder Q. Auch der Zeilenabstand lässt sich in den allermeisten Schreibprogrammen einstellen. Bei einem Zeilenabstandsfaktor von 1,5 kommen wir bei einer 11-Punkt-Schrift auf einen Zeilenabstand von 1,5 * 3,88 mm = 5,82 mm.

Dieser Text ist mit einem festen Zeilenabstand von 14 Punkt gesetzt. Das sind knapp 4,95 mm Zeilenabstand. 10 Zeilen entsprechen also 49,42 mm. Messen Sie am linken Rand bei den gekennzeichneten Zeilen nach!

Für einen Roman ist eine Schriftgröße von 10 bis 12 Punkt angemessen. Die Überschrift dieses Abschnittes hat eine Höhe von 12 Punkt, ist **fett** gedruckt in der Schriftart Arial. Der Zeilenabstand ist hier genau 28 Punkt. Damit kommen wir auf eine Zeilenhöhe von 9,88 mm, das Doppelte des Abstandes des normalen Textes. Dadurch setzt sich die Überschrift gut von dem übrigen Text ab. Kommt eine Überschrift in die Nähe des Seitenendes, sollten ihr mindestens zwei normale Textzeilen auf ebenjener Seite folgen, besser drei bis fünf. Anderenfalls setzen Sie einen Seitenumbruch, kommt also die Überschrift auf die nächste Seite.

Das Papier wird in der Druckerei von beiden Seiten bedruckt. Wenn Sie genau hinsehen, schimmern die Buchstaben von der abgewandten Seite durch. Damit dieses Durchschimmern nicht so stört, sollten Sie sich beim Layout die Zeit nehmen, die Überschriften in das Raster des Textes zu schieben. Das erreichen Sie, indem Sie die Überschrift einschließlich der Leerräume darunter und darüber genau 2-mal so groß einstellen, wie den normalen Text, oder halt ein anderer *ganzzahliger* Wert. Einen weiteren Vorteil hat diese Vorgehensweise, nämlich die, dass die Zeilen auf der linken und der rechten Hälfte des Buches immer auf der gleichen Höhe sind. Die Überschriften stören dieses Verhältnis nicht. In fast allen Schreibprogrammen lassen sich diese wichtigen Einstellungen vornehmen.

10 Zeilen = 49,42 mm

Verwaiste Zeilen

Dem Namen nach haben diese Zeilen keinen Anschluss. Sie stehen allein ohne jede Verbindung da. Gemeint sind hier Zeilen, die zu einem Absatz gehören, aber in der ersten oder der letzten Zeile zur vorherigen oder folgenden Seite gehören. Ästhetisch sieht das nicht aus. Manche Schreibprogramme lösen das Problem damit, die letzte Zeile einer Seite auszulassen, sodass manchmal im Text unten eine Zeile fehlt. An dieser Stelle schimmert dann die letzte Zeile der nächsten Seite durch. Auch das ist nicht schön. In vielen neueren Büchern kümmert sich der Layouter nicht um die verwaisten Zeilen. Schade!

Doch es gibt eine Lösung, die mit ein wenig Arbeit ein hervorragendes Ergebnis liefert.

Sie haben sich sicher schon gefragt, wie die Buchsetzer oder Schreibprogramme es schaffen, im Blocksatz jede Zeile immer genau gleich lang werden zu lassen. Nur mit Worttrennungen ist es nicht zu schaffen. Das Geheimnis liegt in der gleichmäßigen Verteilung der Wortzwischenräume in jeder Zeile. Auch die Buchstaben in einem Wort haben einen bestimmten Abstand voneinander. Wenn Sie diesen Abstand in ganz kleinen Schritten ändern, kommen Sie an einen Punkt, wo ein Wort entweder erst in der nächsten Zeile anfängt oder zumindest an einen Punkt, wo es eine mögliche Trennstelle gibt. Dadurch verschieben sich alle Worte im folgenden Text, mindestens aber bis zum nächsten Absatz. Wenn Sie nun erreichen wollen, dass ein Absatz eine Zeile länger wird, wird ein beginnender Absatz in der letzten Zeile einer Seite auf die nächste Seite verschoben. Wenn Sie wollen, dass ein Absatz eine Zeile kürzer wird, müssen Sie logischerweise die Lücken zwischen den Buchstaben etwas verkleinern. Ziel sollte es dabei sein, diese Mogelei mit den Zeichenzwischenräumen möglichst unsichtbar zu halten.

In der Praxis suchen Sie sich, wenn Sie eine Zeile mehr benötigen, einen Absatz aus, der sowieso schon bis fast zum Zeilenende geht und bei dem umgekehrten Fall, dessen letztes Wort in einer neuen Zeile zu finden ist. Es ist logisch, dass Sie dazu immer den gesamten Absatz markieren und der Absatz möglichst lang sein sollte, bevor Sie ihn mit den genannten Mitteln bearbeiten.

Wie viel mehr oder weniger Abstand geeignet ist, kommt auf die Größe der Schrift und die Schriftart an. Bei Times New Roman in der Größe 11 Punkt ist ein Wert von -0,2 bis + 0,4 Punkt (-0,07 mm bis +0,14 mm) nicht auffällig.

Die Druckvorstufe

Haben Sie die Seiten Ihres Buches gestaltet, die Titelei und das Inhaltsverzeichnis eingefügt, eventuell am Schluss des Buches noch einige Erklärungen und vielleicht sogar sich selber vorgestellt, ist es Zeit, noch einmal den ganzen Text aufmerksam zu lesen. Besonders die eigenen Fehler überliest man gern, weil man ja sein Buch kennt.

Wenn Sie es sich zeitlich leisten können, vergessen Sie für mindestens einen Monat Ihr Werk. Es geht dabei darum, dass aus Ihrem Gehirn die Erinnerung verblasst, damit Sie den Text anschließend mit ein wenig Neugier lesen können. Wenn das nicht möglich ist, bitten Sie eine Person Ihres Vertrauens, sich den Text aufmerksam zu Gemüte zu führen. Pochen Sie auf Kritik. Bekannte, die sowieso immer alles schön finden, was Sie schreiben, taugen für diese Aufgabe weniger. Lassen Sie sich ausführlich schildern, an welcher Stelle Ihr Testleser den Faden verloren hat oder einen Sprung in der Logik und/oder der Handlung bemerkte. Wenn Ihr Testleser dazu eine Liste mit Seitenzahl und Druckzeile aufstellt, sind Sie besonders gut dran.

Genauso wenig geeignet wie die ewigen Schönredner sind die dauernden Miesmacher, denen Sie gar nichts rechtmachen können, und alles »unterirdisch« finden, was Sie formulieren. Haben Sie geeignete Personen gefunden, brauchen Sie *nicht* mit jedem einzelnen Kritikpunkt einverstanden sein. Es ist auch nicht angebracht, dass sich die Testleser allzu sehr in Ihren Ausdruck einmischen. Ihr Stil soll schließlich Ihr Stil bleiben und nicht den Stil des Testlesers annehmen. Sie und niemand anders bestimmt, welche Änderungen Sie am Entwurf vornehmen. Es ist nichts Schlechtes, auch mal Kritik höflich bestimmt zurückzuweisen. Aber eines müssen Sie immer: Die kritisierten Stellen noch einmal gründlich durchdenken! Es wäre nicht das erste Mal, dass Sie dabei Veränderungen auch an ganz anderen Stellen vornehmen müssen.

Ja, und dann sollten Sie, zum wievielten Male eigentlich, Ihren Text noch einmal lesen. Es kann nämlich sein, dass durch die Änderungen ein wenig mehr beeinflusst wurde, als Ihnen bewusst ist. Auf der einen Stelle passt ein Fall nicht mehr und auf einer anderen ist ein Wort doppelt usw. Nichts ist schlimmer, als wenn Sie voller Stolz Ihr frischgedrucktes Werk aufschlagen, und ein dummer Fehler springt Ihnen wie ein Tiger entgegen. Aus der Erfahrung heraus kann ich sagen, dass das die dümmsten Fehler sind, Fehler, die Sie auf jeden Fall hätten vermeiden können. Es ist paradox: Schwierige Wörter sind allermeistens richtig geschrieben und in den richtigen Fall gesetzt.

Ist bisher alles zu Ihrer Zufriedenheit verlaufen, kommt die letzte Phase, die Sie noch beeinflussen können: Das Erstellen der Druckdatei, die meist als normale PDF-Datei gefordert wird. Wenn Sie Bilder oder Grafiken in Ihren Text eingebunden haben, ist es besonders wichtig, dass diese mit mindestens 300 dpi (Punkte je Zoll) oder je nach Vorgabe der Online-Druckerei aufgelöst sind. Viel größere Werte blähen nur die Datei auf, ohne dass der Ausdruck im Buch detailreicher wird, kleinere Werte wirken sich negativ auf die Druckwiedergabe aus und werden meist durch die Prüfung der Datei bei der Übermittlung automatisch angemahnt. Bis herunter zu 240 dpi brauchen Sie sich bei Druckwerken, die keine Bildbände sind, aber keine Sorgen zu machen. Der Unterschied wird beim Ansehen nicht festzustellen sein. Manchmal lässt sich aber eine eigentlich zu niedrige Auflösung nicht vermeiden. Dann haben Sie meist die Möglichkeit, diese Bilder trotzdem durch einen Mausklick zu verwenden. Wenn Sie die Möglichkeit haben, sollte Ihr Wandlerprogramm Bilder als JPG-Dateien einbinden. Die brauchen nämlich viel weniger Speicherplatz, als andere Bildformate.

Bevor Sie das Wandeln in das PDF-Format anklicken, stellen Sie sicher, dass die Wandlung *für den Druck* eingestellt ist, und *nicht* für die elektronische Weitergabe. Anklickbare Wörter oder Wortgruppen, sogenannte Hyperlinks, funktionieren es im gedruckten Buch bekanntlich äußerst schlecht.

Sind Sie sich sicher, dass alle Einstellungen korrekt sind? Wandeln Sie Ihr Werk in eine druckbare PDF um. Nach dieser Wandlung, die einige Minuten dauern kann, sollte sich automatisch ein PDF-Anzeigeprogramm öffnen, andernfalls tun Sie es selbst. Unter Windows wäre dies meistens der Adobe/ Acrobat Reader unter Linux der Atril-Dokumentenbetrachter und bei Android gibt es ebenfalls den Adobe Acrobat. Diese Programme zeigen die Druckseiten so an, wie sie später im gedruckten Buch aussehen. Meist können Sie im Menü die Anzeige so einstellen, dass zwei Seiten nebeneinander angezeigt werden und wie in jedem Buch die ungraden auf der rechten Seite zu finden sind. So liegen sie dann auch im gedruckten Buch. Wenn hier etwas nicht stimmen sollte, müssen Sie in Ihrem Schreibprogramm noch einmal nachbessern und anschließend noch einmal neu ins PDF-Format wandeln. Denken Sie dabei auch an die Titelseiten und überprüfen Sie die Richtigkeit des Inhaltsverzeichnisses. Ist Ihre Gesamtseitenzahl auch durch 4 teilbar? Wenn nicht, bitte korrigieren!

Wenn bis hierher alles richtig ist, haben Sie schon einen großen Teil geschafft.

Das Cover

Verschiedentlich wird bei den Online-Druckereien ein sogenannter »Cover-Rechner« angeboten. Ein Beispiel für ein Taschenbuch 120 mm x 190 mm: Der Buchblock Ihrer Geschichten sei nach Angabe des Coverrechners 18,5 mm dick: Das ergibt eine Größe der Cover-Vorlage in der Breite 120 mm + 120 mm + 18,5 mm + 2 x 5 mm für die Vorder- und Rückseite, den Buchrücken und den Beschnittrand. Er fängt die Ungenauigkeiten in der Produktion auf und garantiert, dass an den Rändern kein weißer Streifen »blitzt«. Zusammen sind das 268,5 mm.

In der Höhe kommen zum Buchformat nur noch die 2 x 5 mm Beschnittrand hinzu. Damit ist die Höhe der Vorlage 200 mm. Das sind zusammen 268,5 mm Breite und 200 mm Höhe. Auf dieses Maß muss in der Textverarbeitung das »Papier« in der Seiteneinrichtung (mit halben Millimetern) angegeben werden. Wo diese Einstellung für Ihr Textverarbeitungsprogramm eingestellt wird, erfahren Sie aus der Bedienungsanleitung. Für einige ausgewählte Schreibprogramme sehen Sie bitte unter Seite 89 nach.

Wenn Sie sich die folgenden Schritte vereinfachen wollen, Stellen Sie die Wiedergabegröße auf dem Bildschirm mithilfe der Zoom-Funktion des Schreibprogramms genau auf das Papierformat ein. Beispielsweise Sie benötigen für ein Buch in der Größe 120 mm mal 190 mm ein Cover. Die Höhe des Coverpapiers ist wie schon berechnet 200 mm. Mit der Zoom-Funktion des Schreib-Programms stellen Sie die Größe auf dem Bildschirm auf genau 200 mm ein, indem Sie ein Lineal auf den Bildschirm halten. Sollte das Ihr Bildschirm nicht hergeben, laden Sie sich ein normales DIN A4-Blatt und stellen auf die beschriebene Art und Weise die Breite auf genau 210 mm. Den Wert, den die Zoom-Anzeige jetzt anzeigt, notieren Sie sich an einem Ort, den Sie immer schnell wiederfinden. Er ist für alle solche 1:1-Arbeiten gültig.

Bei einem Netbook oder Notebook mit einer Bildschirmdiagonale von 8 bis 13 Zoll, sollten Sie den Zoom so einstellen, dass eine DIN A4-Seite mit dem Lineal auf dem Bildschirm gemessen genau 10,5 cm breit ist. Den doppelten oder halben Wert für Teilmaße können die meisten von Ihnen sehr gut im Kopf ausrechnen. Zugegeben, etwas fummelig ist das schon! Aber hier geht es darum, möglichst wenig Fehler zu machen und ein gefühlsmäßiges Verhältnis zur Größe zu bekommen.

Fast alle Schreibprogramme haben einfache Zeichenwerkzeuge, wie Linien, Rechtecke, Kreise und die Möglichkeit, Textfenster mit und ohne Umrandung und Grundfarbe mit an Bord. Das kann Ihnen nur recht sein. Die Online-Druckerei gibt den Beschnittrand vor. Oft sind das 5 mm, aber auch andere Werte sind möglich.

Nachdem Sie das »Papier« eingerichtet haben, kennzeichnen Sie sich als Erstes den Beschnittrand mit einem Rechteck, dem Sie nur für die Linien eine Farbe zuordnen und dessen Fläche transparent eingestellt wird. Selbst verwende ich gern rot für die Linien. Jede andere Farbe ist geeignet, wenn sie sich vom Hintergrund genügend abhebt. Dabei bitte genau arbeiten! Stellen Sie Ihren Bildschirm auf den Zoom-Wert für die 1:1-Wiedergabe. Den 5 mm-Rand und die Original-Höhe (hier 190 mm) messen Sie mit dem Lineal auf dem Bildschirm nach. Wer eine Rasterung einschalten kann, sollte sie auf 0,5 mm einstellen.

Beim Buchrücken ist die Technik ähnlich. Gehen Sie von einer Breite des Buches von 120 mm aus, ziehen Sie ein weiteres Rechteck auf, mit der Breite des Buchrückens (z.B. 18,5 mm) und der Höhe des Buches (190 mm). Am besten lassen sich die Breite und Höhe des Rechtecks einstellen, wenn Sie in die zugehörigen Einstellungen gehen und dort die Zahlenwerte eingeben. Ist dies geschehen, klicken Sie mit der linken Maustaste in die Fläche des Rechtecks, sodass es markiert ist. Verschieben Sie mit gedrückt gehaltener linker Maustaste oder mit den Pfeiltasten dieses Rechteck so, dass sich links und rechts die Breite des Buchdeckels bis zum Beschnittrand ergeben (120 mm) und in der Höhe die Linien für den Beschnittrand berühren. Es geht immer. Vielleicht müssen Sie dazu in den Menüs ein wenig suchen oder das Handbuch des Schreibprogramms zurate ziehen. Arretieren Sie, wenn möglich, diese beiden Rechtecke, damit sie nicht versehentlich verschoben werden können. Dann die Datei speichern! Speichern Sie überhaupt nach jedem Schritt in eine *neue* Datei, so geht kein Schritt verloren. Gute Schreibprogramme tun dies selbstständig.

Geben Sie Ihrem Cover-Entwurf mit einem großen Rechteck eine Grundfarbe oder fügen Sie über die gesamte Größe der Coverseite ein Bild ein. Beides darf auch größer als das voreingestellte Papier sein. In unserem Beispiel mit einem Taschenbuch-Cover-Papier von 268,5 mm x 200 mm sollte das Bild oder Foto wenigstens eine Auflösung 300 dpi (Punkte je Zoll) haben. Das sind **mindestens** 3172 Pixel mal 2363 Pixel. Wenn das Foto nicht dieses Seitenverhältnis aufweist, kann es auch übers »Papier« hinausragen. Bei einer Grundfarbe aus den Werkzeugen der Textverarbeitung brauchen Sie diese Berechnung nicht anstellen. Hier wird automatisch die richtige Auflösung eingestellt. Das Foto bzw. die Farbfläche bringen Sie nun *ganz nach hinten* oder wie es manchmal auch heißt *hinter den Haupttext*. Ihre Einteilung für Buchrücken und Beschnittrand sollte nun auf dem Hintergrund zusehen sein.

Rechts des Buchrückens ist die Vorderseite des Covers links die Rückseite, die gestaltet sein wollen. Ist der Buchrücken breit genug, kann hier Titel, Autor und eventuell Verlag eingedruckt werden. Dazu sollten Sie ein Textfenster öffnen und die Orientierung so einstellen, dass die Schrift von rechts aus lesbar ist. Dabei geht die Schrift von unten nach oben. Dieses Textfenster schieben Sie nun auf die Stelle des Buchrückens, und zwar so, dass sie sich optisch in der Mitte des Buchrückens befindet. Nach und nach platzieren Sie nun die weiteren Elemente Ihres Coverentwurfs.

Auf der Rückseite des Buches *muss* noch der ISBN-Strichcode und/oder der Strichcode, den Ihnen die Online-Druckerei vorgibt und als Bild zum Herunterladen zur Verfügung stellt. Die ISBN sollte etwa 40 mm breit sein. Üblich sind auf der Rückseite zusätzlich entweder eine Kurzbiografie des Autors oder besser der sogenannte Klappentext.

Der Klappentext

Selbst gestandenen Autoren bereitet der Klappentext oft Kopfzerbrechen. Er soll einerseits zum Kauf anregen, gleichzeitig aber nicht zu viel verraten. Mit anderen Worten er soll neugierig machen.

Ist das Werk vom Umfang her recht groß oder spricht es viele Themen an, sind die meisten Autoren versucht, möglichst viel vom Inhalt in die Inhaltsangabe hineinzupacken. Damit wird der Umschlagtext lang. Andererseits ist der Platz auf der Rückseite begrenzt. Eine eher kleine Schrift zu verwenden könnte da Abhilfe schaffen. Dem steht entgegen, dass der potenzielle Käufer meist keine Lust hat, lange Klappentexte zu lesen und dass manche Leser erst im Buchladen merken, dass sie ihre Lesebrille vergessen haben …

Das ist ein Argument für kurze Texte in einer gut lesbaren Schrift wie Arial und Times in der Größe von 12 bis 16 Punkt, die eventuell auch noch ohne Brille gelesen werden kann.

So gesehen sollten Sie sich sehr viel Mühe mit dem Klappentext geben.

Es ist Ihr Verkaufsargument.

Eine Buchlesung vorbereiten

Zumindest in Ihrem Wohnort wird es nicht lange ein Geheimnis bleiben, dass Sie Geschichten und vielleicht sogar Bücher schreiben. Ein wenig können Sie auch dazu beitragen, dass Sie bekannter werden. Wenden Sie sich an die Leihbibliothek, eine Buchhandlung oder an einen Kulturverein für eine kostenlose Lesung. Hier bekommen Sie wertvolles Feedback für Ihre Arbeit.

Nehmen Sie Kontakt mit der Volkshochschule auf. Oft gibt es hier einen Kurs für Schreibinteressierte. Zu lernen gibt es dort allemal etwas und Sie haben die Möglichkeit, einmal eine bestimmte Schreibweise auszuprobieren, ohne dass Sie gleich ausgebuht werden, wenn Sie sich geirrt haben. Wertvolle Tipps zum Schreiben und Anregungen für neue Projekte gibt es hier gratis. Sie lernen hier auch von anderen. Von ihren Fehlern und von den Erfolgen.

Irgendwann einmal kann es dann in diesen Kultureinrichtungen heißen: »Wir haben am So-und-so-vielten eine Lesung.«

Wie können Sie sich auf so einen Vortrag vorbereiten?

Eine erste Übung kann sein, dass Sie Ihren Text zuhause Ihrer Familie oder Ihren Freunden vorlesen, oder zu Anfang auch sich selbst. Smartphones, Tablets und PCs haben die Möglichkeit, Sprache mit einem Extra- oder eingebautem Mikrofon aufzunehmen, sodass Sie sich anschließend gut kontrollieren können.

Haben Sie zu schnell gelesen, oder haben Sie genuschelt? Haben Sie sich verhaspelt? Haben Sie an den richtigen Stellen Pausen eingefügt, denn der Zuhörer muss sich, während Sie lesen, seine Vorstellungen von dem Gehörten machen können. Zu dem, was er da hört, läuft bei ihm im Kopf nämlich der Film dazu ab, das sogenannte *Kopfkino*.

Das Sprechen vor Publikum kann ich Ihnen hier nicht beibringen. Nur ein paar Tipps aus eigener Erfahrung kann ich beisteuern. Selbst habe ich bei mir beobachtet, dass, wenn ich die Tipps beherzige, alles viel besser läuft.

- Sie sollten Ihren Text genau kennen, dann können Sie während des Lesens auch mal ins Publikum schauen und kleben nicht so am Wortlaut.
- Üben Sie Wörter auszusprechen, die Ihnen schwer über die Lippen oder die Zunge gehen oder formulieren Sie Ihr Schriftwerk um.
- Kennzeichnen Sie Stellen in Ihrem Text, an denen Sie kleine Denkpausen einlegen. Damit helfen Sie Ihren Zuhörern und erhöhen die Spannung.
- Lockern Sie Ihren Körper, bevor Sie in die Veranstaltung gehen.
- Entspannen Sie ihre Gesichtsmuskeln mit breitem Grinsen und anschließendem Kussmund.
- Entkrampfen Sie Mund und Wangen und blasen Sie Luft durch die locker aufeinandergelegten Lippen, sodass sie flattern, wie bei einem Pferd. Wenn es fremde Leute nicht mitbekommen sollen, weil es Ihnen peinlich ist, machen sie es draußen oder an einem anderen stillen Örtchen.
- Suchen Sie immer wieder Blickkontakt zu Ihrem Publikum.
- Wenn Sie Ihre Geschichte lesen, formulieren Sie die Endungen der Wörter gut und vollständig aus. Verschlucken Sie sie nicht!
- Lesen Sie langsam. Wenn es Ihnen zu behäbig vorkommt, ist es für das Publikum gerade richtig. Alles, was Sie schon lange vorher durchdacht haben, ist für Ihre Zuhörerschaft neu. Sie muss es nachvollziehen können.
- Beachten Sie Ihre Markierungen für die Denkpausen. Im Zweifelsfalle machen sie sie lieber etwas länger. Das steigert die Spannung.
- Suchen Sie in den Pausen Blickkontakt. Sie erkennen in den Gesichtern, wann sie fortfahren können.
- Wenn Sie zu Ende gelesen haben, behalten Sie sich eine längere rhetorische Pause vor, bevor Sie Ihr Manuskript oder Ihr Buch auf dem Tisch ablegen. Der Applaus wird so etwas furioser ausfallen.
- Stehen Sie zu Ihrem Text, auch wenn Kritik kommt. Das ist Ihre Arbeit und das Resultat Ihrer Überlegungen.
- Legen Sie sich Argumente zurecht, wenn Sie Widerspruch erwarten.

Auf ein gutes Gelingen
Ihr Berthold Wendt

Was Sie vermutlich nicht über mich wissen …

An dieser Stelle ist es in einem Buch üblich, dass sich der Autor kurz vorstellt. Meinen Namen kennen Sie bereits vom Cover. Für mich stellt sich nun die Frage, wie viel ich über mich preisgeben will und was Sie als Leser erwarten.

Von nichtssagenden Aufzählungen in Form einer Kurzvita bin ich kein Freund. Das mag für Bewerbungen auf einen neuen Job annehmbar sein oder als Autor eines Fachbuches für meinetwegen Betriebswirtschaftslehre – nicht für einen Schriftsteller! Mit Recht erwartet der Leser bei ihm etwas mehr Sensibilität und genauere Worte.

Kann ich Ihnen erzählen, dass ich bis zur 8. Klasse das Schreiben von Aufsätzen nahezu gehasst hatte? Das wäre unüblich, aber so war es nun mal!

Als Schüler las ich den wissenschaftlich-fantastischen Roman ›**Asteroidenjäger**‹ von *Carlos Rasch*, an dem mir das Ende nicht gefiel. Kurzerhand schrieb ich es um. Das war vor über 50 Jahren aber keineswegs der Anfang meiner Schreibleidenschaft. Lange Zeit war Elektronikbasteln meine Passion.

Nach der Wende fing ich an, kleine Geschichten auf einem Amiga-Computer zu schreiben. Schnell geschrieben und schnell ausgedruckt. Fertig! Aus heutiger Sicht: holprig in der Wortwahl und voller Fehler …

Das wurde erst besser, als ich auf einen Bericht der Ostsee-Zeitung hin, ab dem Jahre 2006 zur Schreibwerkstatt der Volkshochschule ging. Kurz zuvor hatte ich eine Zeitreise-Geschichte geschrieben, die ich dort vorstellte. Offenbar konnte ich mich mit den anderen Teilnehmern messen. Dort in der Schreibwerkstatt bekam ich eine Menge Wissen, Resonanz auf mein Selbstgeschriebenes und eine Vielzahl neuer Ideen vermittelt. Mit dem Erfolg gewann ich immer mehr Freude am Schreiben und arbeitete mich zusätzlich in die Layoutgestaltung für die inzwischen zwölf Bücher der Schreibfreunde ein.

Inzwischen sind neben einem Stapel kurzer Geschichten zu mannigfaltigen Themen auch mein Roman *Schmarotzer* und die 800-jährige Familiengeschichte des Bauern Garbe aus Steffenshagen als Bücher entstanden.

Zum Frühjahr 2019 befand mich die Volkshochschule für fähig, die Schreibwerkstatt vorübergehend anzuleiten. Welche Ehre – aber war ich wirklich der Richtige dafür? *Dr. Melzer*, der damals vorletzte Leiter der Schreibwerkstatt, war davon überzeugt und weckte in mir das dazu nötige Selbstvertrauen.

Berthold Wendt, Kröpelin, im Juni 2020

Danksagungen

Dass ich überhaupt in der Lage war, dieses *Autoren-ABC* zu schreiben,
danke ich in erster Linie dem langjährigen Leiter der Schreibwerkstatt
der Volkshochschule Bad Doberan, Herrn *Doktor Bernd Melzer*,
bei dem ich sehr viel gelernt habe und zu dem ich seither ein freundschaft-
liches Verhältnis pflege. Als ich ihm von meinem Vorhaben erzählte, ermutigte
er mich zu diesem Büchlein. Herzlichen Dank!

Auch die anderen ehemaligen Leiter[*] der Schreibwerkstatt sollen nicht vergessen sein: Frau *Ines Kartaschewski*, Herr *Kurt Greve* und zuletzt Frau *Ka-
thleen Furthmann*. Was ich bei ihnen gelernt habe, floss in gewisser Hinsicht
in das vorliegende *Autoren-ABC* ein.

Ich bedanke mich herzlich bei meinen Probelesern und Freunden
Ingrid Siegert, Siegfried Standke, Harry Duschek, Herbert Boldt und nicht zuletzt bei meiner geliebten Ehefrau *Karin*, die mir allesamt mit ihrer Kritik auf
den rechten Weg halfen. Auch wenn die Kritik manchmal akzentuiert war,
bin ich ihnen gerade deshalb sehr dankbar.

Die ursprüngliche Anregung für das *Autoren-ABC* erhielt ich jedoch von einer
Dame, die mich anfangs der *Corona-Pandemie 2020* per E-Mail mit Fragen
zum Schreiben selbst, zu der Arbeit mit Computern und den vielfältigen
Schreib-Programmen löcherte. Es wunderte mich fast, dass ich nahezu alle
ihrer Fragen aus dem Stegreif heraus beantworten konnte. Das gab mir
schließlich die Idee und den Grundstock zu diesem Büchlein.
Aus Gründen der Pietät mache ich den Namen dieser Dame hier
nicht öffentlich. Trotzdem sei auch ihr herzlich gedankt!

Berthold Wendt
berthold.wendt@freenet.de

---

[*] Frauen und Männer. –
Wahre Gleichberechtigung ist auch für Männer einfacher. –
Sie braucht kein sperriges Gender*Sternchen.